Mon PC

Guide Mémo
Facile et rapide !

Copyright © 2010 Micro Application
20-22, rue des Petits-Hôtels
75010 Paris

1ère Édition Février 2010

Auteur Olivier Abou

ISBN : 978-2-300-025075

MICRO APPLICATION
20,22 rue des Petits-Hôtels
75010 PARIS
www.microapp.com
Tél : 01 53 34 20 20
Fax : 01 53 34 20 00

Support technique :
Également disponible sur
http://www.microapp.com

Retrouvez des informations sur cet ouvrage !
Rendez-vous sur le site Internet de Micro Application **www.microapp.com**. Dans le module de recherche, sur la page d'accueil du site, entrez la référence à 4 chiffres indiquée sur le présent livre. Vous accédez directement à sa fiche produit.

SOMMAIRE

INSTALLER UN PC À LA MAISON

Un ordinateur ne se choisit pas au hasard. Il doit correspondre à vos besoins et à l'utilisation que vous souhaitez en faire. En d'autres termes, pas question d'opter pour une petite configuration, conçue pour accomplir des tâches bureautiques, si le traitement vidéo, par exemple, vous intéresse.

CHOISIR UN ORDINATEUR

Pour choisir un ordinateur sans se tromper, vous devez prendre en compte quelques points au moment de l'achat.

— Commencez par identifier vos besoins. Chaque ordinateur ne fait pas la même chose. Certains sont, par exemple, plutôt conçus pour effectuer des petits travaux bureautiques. Ils auront alors du mal à faire fonctionner dans de bonnes conditions des jeux vidéo récents.

INFORMATION : COMMENT CHOISIR LE BON MODÈLE ?
La plupart des revendeurs et des magasins en ligne spécifient le type d'utilisation pour lequel une machine a été conçue sur les fiches descriptives de leur produit. Dans le doute, n'hésitez pas à expliquer au vendeur les tâches que vous souhaitez accomplir avec votre équipement informatique. Il pourra ainsi vous orienter sans hésitation vers les modèles qui vous conviendront.

— Pensez également au SAV. Privilégiez une grande marque si vous souhaitez bénéficier d'un service après-vente très efficace. Sony ou Dell, entre autres, peuvent vous envoyer pendant la période de garantie un transporteur pour récupérer votre ordinateur en panne. Inutile de vous déplacer et, dans certains cas, vous disposerez même d'une machine de remplacement pendant toute la période d'indisponibilité de votre matériel.

Bien entendu, le critère du budget doit être pris en compte au moment de choisir votre PC.

— Pour la bureautique et le secrétariat, les ordinateurs d'entrée de gamme sont bien souvent suffisants. Inutile d'acheter une bête de course pour écrire des lettres ou afficher des pages web, voire regarder des vidéos ou écouter de la musique.

– Si vous envisagez de jouer avec des jeux récents, d'accomplir des tâches graphiques professionnelles, d'effectuer du montage vidéo ou du mixage audio, le budget sera plus conséquent. Il est nécessaire, pour réaliser toutes ses activités, de disposer d'une machine puissante.

ASTUCE : UN ORDINATEUR SANS LE PRIX DU SYSTÈME

Certains ordinateurs sont vendus à des prix très avantageux avec un système d'exploitation Linux, qui a la particularité d'être gratuit. Très performant et fiable, il ne convient toutefois pas aux utilisateurs débutants ou à ceux qui souhaitent exécuter les derniers jeux vidéo du marché. Toutefois, si vos besoins se limitent, par exemple, à la bureautique et à Internet, cette solution mérite d'être prise en compte.

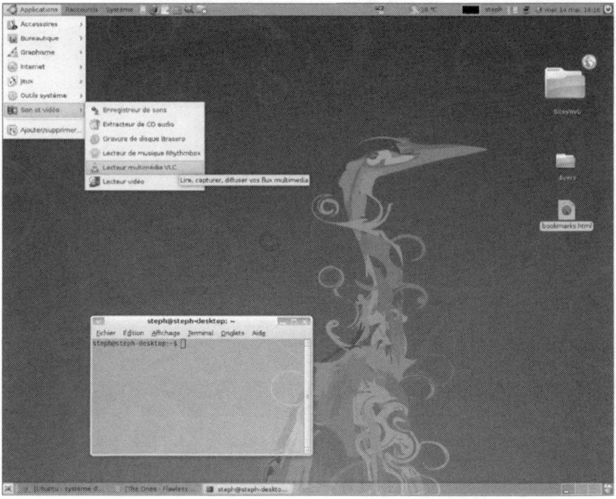

Une fausse bonne idée : le marché de l'occasion. Il n'est pas conseillé d'acheter un ordinateur d'occasion. Tout d'abord, ses performances seront probablement dépassées pour exécuter dans de bonnes conditions des logiciels modernes, les jeux notamment. Ensuite, si votre choix s'oriente vers un ordinateur portable, sachez qu'ils sont plus fragiles. Ils sont souvent transportés, et il n'est pas rare qu'un de leurs composants ne fonctionne plus.

Dernier conseil : n'attendez pas que les prix baissent. Le marché informatique ne cesse d'évoluer. Un modèle peut en remplacer un autre environ tous les deux mois, voire tous les mois. N'attendez pas alors que les prix baissent, car vous risquez d'attendre indéfiniment, sans jamais acheter votre ordinateur.

ACHETER UN PC À LA CARTE

Il existe plusieurs méthodes pour acquérir un ordinateur.

Vous pouvez l'acheter directement dans une grande enseigne en commandant le modèle qui semble correspondre le mieux à vos besoins. Mais vous pouvez également choisir toutes vos pièces et les faire assembler par un spécialiste. De cette façon, vous obtiendrez un ordinateur sur mesure. Et cela ne coûte pas plus cher !

INFORMATION : UN ENSEMBLE HOMOGÈNE

Un ordinateur est constitué d'un assemblage de composants. Les performances de votre PC sont liées à la qualité de ces composants et à leur aptitude à fonctionner ensemble de façon optimale. Ainsi, un processeur moderne peut être lent si les autres composants sont anciens.

Même si vous ne pensez pas avoir les compétences pour choisir les composants de votre ordinateur, il s'avère important de les connaître. C'est le meilleur moyen pour ne pas vous tromper au moment de l'achat.

ATTENTION : LES COMPOSANTS DES ORDINATEURS PORTABLES
Si vous avez opté pour un ordinateur portable et selon l'utilisation que vous en ferez, il convient de choisir avec soin ses composants dès le départ. En effet, il est toujours plus difficile de changer les composants d'un portable que ceux d'un ordinateur de bureau.

— La carte mère : souvent absente des fiches techniques présentées dans les magasins, il s'agit pourtant d'un composant très important qui influe de façon considérable sur les performances de votre ordinateur. Elle doit être récente et d'une marque connue ; cela vous évitera toute mauvaise surprise.

ASTUCE : CHOISIR UNE CARTE MÈRE
La carte mère doit proposer un grand nombre de connecteurs. Vous pourrez ainsi relier sans difficulté tous vos périphériques externes : clé USB, imprimante, micro, webcam, etc.

— Le processeur : il correspond en quelque sorte au système nerveux de votre ordinateur. Il est chargé d'effectuer de très nombreux calculs et opérations ordonnés par les différents programmes que vous avez installés sur votre machine. Si vous avez besoin de puissance, optez pour un processeur récent.

— La mémoire vive : également appelée RAM, elle est indispensable dès lors que vous souhaitez bénéficier de bonnes performances lorsque vous exécutez vos programmes. Plus vous en avez, plus votre ordinateur est endurant. La mémoire vive se présente sous forme d'une ou de plusieurs barrettes qui viennent se clipser sur la carte mère.

— Le disque dur : il constitue la principale unité de stockage de votre ordinateur. C'est là que sont physiquement sauvegardés vos données, vos programmes et le système Windows, qui permettent de faire fonctionner votre ordinateur.

— Le lecteur ou le graveur CD/DVD : oubliez désormais les lecteurs CD, optez obligatoirement pour un lecteur de type DVD. Vous souhaitez graver vos données sur des supports optiques ? Orientez-vous alors vers un graveur DVD, qui, comme son nom ne l'indique pas, est également capable de lire et de graver des CD.

— Le lecteur de disquettes : contrairement aux ordinateurs de type Macintosh, certains PC sont encore livrés avec un lecteur de disquettes. Et un tel lecteur est encore loin d'être superflu. Il pourra vous être utile lorsque, par exemple, vous devrez dépanner un système qui ne démarre plus, ou échanger des données avec un ordinateur plus ancien.

— La carte vidéo ou la carte graphique : comme son nom l'indique, ce composant permet d'afficher vos données. Si vous exécutez des jeux modernes, optez pour une carte dotée de 512 Mo de mémoire VRAM. Si votre matériel n'est pas suffisamment puissant, l'affichage sera saccadé et vos vidéos manqueront de fluidité.

— Autres cartes : plusieurs autres cartes peuvent être intégrées dans votre ordinateur, par exemple une carte son ou une carte modem. Tout dépend de vos besoins, et vous pourrez fort bien vous en passer selon l'utilisation que vous ferez de votre matériel informatique. Sachez toutefois qu'il sera possible d'ajouter certaines d'entre elles ultérieurement, sous la forme d'un composant externe USB.

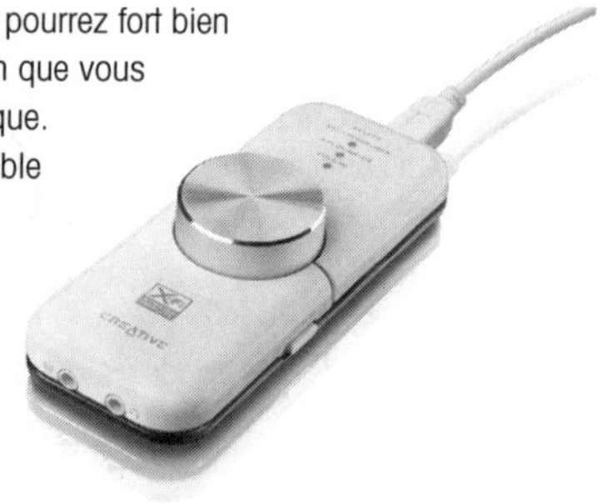

ALLUMER UN ORDINATEUR

La technique pour allumer un ordinateur ne pose généralement aucune difficulté. Une fois qu'il est relié à une prise d'alimentation, mettez-le en route en appuyant de façon brève sur le bouton de mise en marche (en général le plus gros des boutons) situé sur la façade de l'unité centrale.

Ne confondez pas le bouton de mise en marche avec le bouton Reset, qui peut être situé à proximité. Ce dernier est en général plus petit et utilisé dans le cas d'un blocage de l'ordinateur. Le Reset ne fait que redémarrer l'ordinateur et n'influe en rien sur les données contenues sur le disque dur. Sur les ordinateurs ne disposant pas du bouton Reset, un appui prolongé sur le bouton de mise en marche éteint l'ordinateur.

INFORMATION : LES VOYANTS EN FAÇADE

Deux voyants sont en général présents en façade. L'un, symbolisé par une ampoule, indique que le PC a démarré, et l'autre, associé à l'image d'un cylindre, s'allume de façon intermittente lorsque le disque dur est sollicité.

Certains ordinateurs disposent également d'un interrupteur de sécurité intégré dans le bloc d'alimentation du boîtier et accessible à l'arrière de l'unité centrale. Lorsque cet interrupteur est sur la position «marche», le PC est alimenté, même si vous ne l'avez pas démarré. Pour des raisons d'économie d'énergie, mettez cet interrupteur en position «arrêt» si vous n'utilisez pas pendant une période prolongée votre PC.

ENTRETENIR LE MATÉRIEL

Si les précautions d'utilisation élémentaires sont respectées, un ordinateur ne nécessite pas d'entretien permanent.

Cela dit, il existe tout de même quelques points à surveiller en particulier :

— Les câbles : périphériques, réseau, alimentation électrique, etc. Les câbles sont omniprésents et il convient de les traiter avec précaution. Ne les emmêlez pas pour éviter un faux contact et prolonger leur durée de vie. Ne les écrasez pas, non plus, sous un meuble et ne leur faites pas subir des déformations pour qu'ils passent à travers des chemins tortueux.

— La poussière : véritable ennemie de votre ordinateur, elle doit être éliminée régulièrement. Pour un dépoussiérage extérieur, des coups de chiffons suffisent. Pensez toutefois à nettoyer occasionnellement votre clavier et l'intérieur. La meilleure méthode pour éviter tout accident reste la bombe d'air sec.

ATTENTION : LES LECTEURS OPTIQUES

Tous les lecteurs équipés en optique et laser ne doivent jamais être ouverts pour être dépoussiérés avec, par exemple, une bombe d'air sec.

— Les écrans LCD : le nettoyage de l'écran de votre ordinateur nécessite des produits spécifiques que vous pouvez trouver dans des magasins ou sur des sites spécialisés en matériel informatique. Le chiffon doux est évidemment de mise. Mais la meilleure manière de ne pas salir votre écran reste encore de ne pas mettre vos doigts dessus.

INFORMATION : LE CHOIX DES PRODUITS

Nettoyez votre ordinateur et vos périphériques avec des produits adaptés. N'utilisez pas de solvants, d'alcool, de mouchoirs ou de Sopalin. Utilisez plutôt des produits dont le pH est neutre et un chiffon doux, de type peau de chamois.

— Le lecteur ou graveur CD/DVD : évitez de dépoussiérer votre graveur ou votre lecteur CD/DVD avec une bombe d'air sec. Utilisez plutôt un disque autonettoyant, qui permet d'entretenir votre matériel sans risque d'abîmer le dispositif laser.

Éviter les catastrophes

Entretenir son matériel, c'est lui assurer une durée de vie plus longue. Mais ce n'est pas tout. Vous devez connaître quelques règles élémentaires de précaution afin de protéger au mieux votre matériel de tout incident :

— Les câbles : n'utilisez jamais de câbles un tant soit peu dénudés. Lorsque vous raccordez vos appareils, veillez à les mettre hors tension auparavant. Ce conseil doit être scrupuleusement respecté si vous branchez des enceintes externes sur votre ordinateur.

— Les sources de chaleur : méfiez-vous entre autres des radiateurs. Prenez garde également aux rayons du soleil. N'installez pas votre ordinateur derrière une vitre.

— Le liquide : évitez tout liquide à proximité de votre ordinateur. S'il reçoit des projections de liquide, débranchez-le du secteur ou retirez la batterie. Patientez plusieurs heures avant de le remettre sous tension ou, au besoin, démontez-le pour vérifier l'absence d'humidité. Selon l'ampleur des dégâts, il peut être nécessaire d'apporter votre appareil chez un professionnel.

INFORMATION : SUPPORTS CD ET DVD ILLISIBLES
Si vous lisez mal certains CD ou DVD, cela peut provenir de vos supports, et non de votre appareil. Pensez à les protéger de la poussière et des rayures. Rangez-les soigneusement dans leur boîte. Ne posez pas, sur un meuble ou un appareil, vos CD ou DVD, même retournés.

— L'écran : si vous devez déplacer votre ordinateur portable, ne le faites jamais en le tenant par l'écran. Autre précaution : ne laissez pas pendant des heures une image fixe affichée. Certains écrans le supportent mal. Pensez à activer votre économiseur dans les paramètres de votre système d'exploitation.

— La température : prenez garde aux changements de température. Certains appareils peuvent être perturbés par l'apparition de condensation, particulièrement les composants équipés de lentilles optiques. Si vous êtes confronté à cet inconvénient, la meilleure solution consiste à laisser votre ordinateur allumé pendant une certaine période (une petite heure) sans l'utiliser.

CHOISIR DES ACCESSOIRES

Les ordinateurs de bureau ou les portables sont généralement livrés avec très peu d'accessoires.

Pourtant, ces derniers permettent d'utiliser plus agréablement votre matériel, voire de le protéger efficacement. Dans ces conditions, vous auriez bien tort de vous en priver.

— Si vous avez opté pour un ordinateur portable, sachez qu'il a été conçu pour être souvent transporté. Toutefois, cela ne doit pas être fait n'importe comment. N'hésitez pas à investir dans un sac bien protégé et offrant plusieurs espaces de rangement. Ne vous contentez pas de la sacoche fournie par défaut avec l'ordinateur. Elle s'avère bien souvent insuffisante pour protéger la machine contre les chocs du transport.

— Pour saisir plus confortablement votre texte sur un ordinateur portable lorsque vous n'êtes pas en déplacement, procurez-vous un clavier standard. Vous pourrez ainsi le brancher sur une des prises USB disponibles sur votre portable. Il sera immédiatement opérationnel.

ASTUCE : AMÉLIORER L'AFFICHAGE À LA MAISON
Pour afficher plus confortablement vos données sur votre ordinateur portable lorsque vous n'êtes pas en déplacement, connectez un écran de grande taille. Vous disposez généralement d'une prise conçue à cet effet à l'arrière de votre appareil.

— Vous avez probablement remarqué l'absence de pavé numérique sur votre ordinateur portable. Et selon l'utilisation que vous faites de votre outil informatique, cela peut compliquer considérablement votre travail. Heureusement, rien ne vous interdit de connecter un pavé numérique indépendant via une prise USB.

— Si vous êtes un utilisateur de services de téléphonie, Skype par exemple, vous avez alors la possibilité de téléphoner ou de recevoir vos communications n'importe où dans le monde. Il suffit de connecter à Internet votre ordinateur et de posséder un casque-micro ou un téléphone conçu pour la téléphonie Internet (VoIP). Branchez-le à une prise USB et il sera automatiquement reconnu par votre logiciel de téléphonie.

— Indispensable pour échanger rapidement et en toute simplicité vos données entre n'importe quel poste de travail et votre ordinateur portable, la clé USB trouvera toujours une place dans votre sac ou votre poche. Il en existe de plusieurs tailles, de quelques centaines de mégaoctets à plusieurs dizaines de gigaoctets. Et leur prix ne cesse de baisser.

L'ENVIRONNEMENT WINDOWS

Un ordinateur nécessite un système d'exploitation pour fonctionner. Et dans ce domaine, la plupart des machines proposées sur le marché intègrent par défaut un environnement Microsoft Windows. Comme vous allez le voir, tout a été pensé pour une prise en main rapide.

SE FAMILIARISER AVEC L'INTERFACE WINDOWS

Windows a l'avantage de proposer une interface dans laquelle les principales fonctions ont un emplacement immuable. Prenez n'importe quelle version de Windows (XP, Vista, 7...), son interface restera toujours la même dans les grandes lignes.

Cela représente un avantage indéniable puisque les habitudes restent généralement les mêmes lorsque les utilisateurs passent d'une version à une autre.

INFORMATION : LE SYSTÈME D'EXPLOITATION
Un système d'exploitation, comme Windows, assure le fonctionnement de vos programmes (traitement de texte, tableur, lecteur vidéo ou audio...) et de votre matériel (tous les composants d'un ordinateur : processeur, carte graphique, écran, clavier, souris...).

Lorsque vous démarrez votre système d'exploitation, vous disposez d'une interface standardisée qui intègre plusieurs éléments permettant d'accéder rapidement aux principales fonctions du système Windows 7 :

– Une série d'icônes est placée dans la partie supérieure gauche de votre écran : vos documents (l'icône de votre dossier principal apparaît avec votre nom d'utilisateur), *Ordinateur* (accès à toutes les unités de stockage de votre ordinateur), *Réseau* (accès au réseau) et *Corbeille* (contient les documents supprimés).

INFORMATION : LE BUREAU WINDOWS
Le Bureau désigne l'écran de Windows, c'est-à-dire le fond d'écran et les différents objets qui s'y trouvent : icônes et barre des tâches notamment.

— La partie inférieure de votre écran intègre une barre des tâches. Celle-ci affiche toutes les tâches en cours, c'est-à-dire les programmes en cours d'exécution, sous forme de boutons.

— La barre des tâches contient en outre de petites icônes qui vous permettent d'accéder à certaines fonctions du système (langue du clavier, date et heure de l'horloge, par exemple).

ATTENTION : ICÔNE OU RACCOURCI ?

L'icône d'un objet représente l'objet lui-même tandis qu'un raccourci se limite à indiquer son emplacement. Dans ces conditions, plusieurs raccourcis peuvent désigner un même objet, et la suppression d'un raccourci ne retire pas du système le document ou le programme correspondant.

PAR OÙ COMMENCER ?

Lorsque vous partez à la découverte des différentes fonctions de Windows, vous ne savez probablement pas par où commencer.

Pourtant, c'est simple, il suffit de cliquer sur le bouton **démarrer** de la barre des tâches, celle qui se trouve tout en bas de votre écran.

1- Cliquez sur le bouton **démarrer** pour afficher le menu déroulant du même nom. Celui-ci se divise en quatre parties principales :

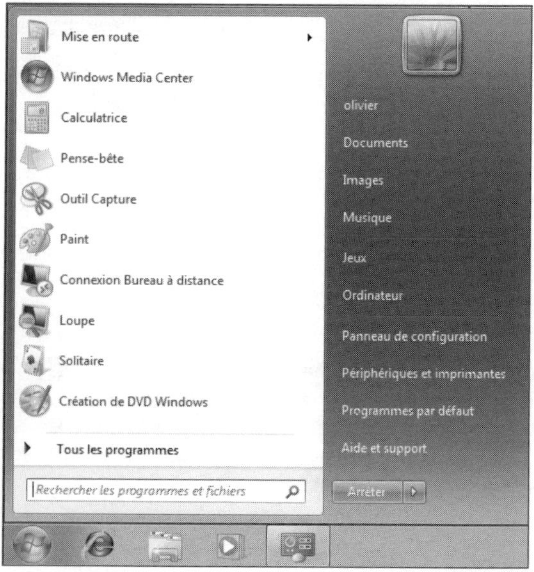

— La partie supérieure du menu affiche votre nom d'utilisateur, tel que vous l'avez indiqué pendant la procédure d'installation du système, en l'associant à une image. Si vous cliquez dessus, vous ouvrez un dossier qui correspond à votre espace personnel pour le stockage de tous vos documents.

— Les icônes correspondent à des petits graphismes représentant certains objets (programmes ou documents) ou constituant des raccourcis d'accès vers ceux-ci.

INFORMATION : AFFICHER UNE INFO-BULLE

Lorsque vous placez le pointeur de la souris sur un élément du menu **Démarrer**, une petite info-bulle s'affiche avec un texte informatif relatif à cet élément. Cette technique s'avère incontournable dès que vous souhaitez en savoir plus à propos d'une application ou d'un document.

— La première colonne du menu **Démarrer** contient des icônes qui permettent d'exécuter les programmes que vous utilisez le plus fréquemment et tous ceux qui sont installés sur votre machine. La seconde colonne permet, quant à elle, d'accéder aux principales fonctionnalités de Windows.

— Vous disposez, dans la partie inférieure du menu **Démarrer**, d'un bouton spécifique pour arrêter l'ordinateur. Si vous cliquez sur la petite flèche située à droite, un menu déroulant s'affiche avec plusieurs autres commandes. Vous pourrez ainsi redémarrer d'un simple clic votre PC ou changer d'utilisateur.

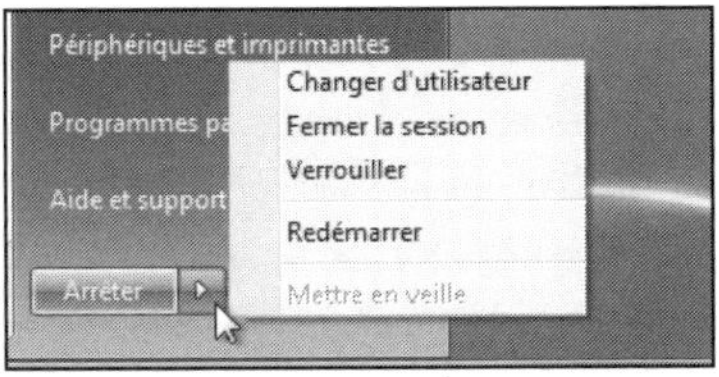

INFORMATION : ACCÉDER IMMÉDIATEMENT AUX PROGRAMMES

La partie principale du menu **Démarrer** correspond aux deux colonnes du milieu. Celle de gauche intègre plusieurs icônes donnant accès aux programmes exécutés fréquemment. Les deux premières icônes permettent de lancer votre navigateur Internet et votre logiciel e-mail.

2- Pour démarrer un autre programme qui n'apparaît pas dans la liste d'icônes du menu **Démarrer**, cliquez sur la commande **Tous les programmes**. Un menu déroulant s'affiche. Sélectionnez le nom du logiciel pour l'exécuter immédiatement.

Concrètement, vous disposez de plusieurs sections pour accéder directement aux fonctionnalités les plus importantes de Windows :

– La première section de la colonne de droite permet d'ouvrir directement différents dossiers du système ou d'accéder rapidement à vos lecteurs. Par exemple, **Documents** permet d'afficher le dossier qui contient tous vos fichiers personnels de travail de type traitement de texte.

ASTUCE : ACCÈS RAPIDE

La commande **Ordinateur** permet d'accéder au contenu de tous vos lecteurs amovibles ou non : disque dur, lecteur CD ou DVD, graveur, clé USB, etc.

INFORMATION : VOS DOSSIERS THÉMATIQUES
Certaines icônes de programme, disponibles dans le menu **Démarrer**, peuvent se trouver dans un dossier thématique (*Accessoires*, par exemple). Lorsque la souris survole leur intitulé, une autre liste d'icônes s'affiche.

— La seconde section du menu correspond aux commandes dédiées à la configuration du système. Par exemple, **Panneau de configuration** permet d'accéder à tous les paramètres de configuration de Windows (son, affichage, réseau, modem, polices...).

— Vous disposez d'une commande **Aide et support** pour afficher le Centre d'aide de Windows. Vous pouvez également effectuer une recherche de programme ou de fichier sur votre ordinateur en saisissant son nom dans la zone de texte intégrée dans le menu **Démarrer**.

DÉCOUVRIR L'ORDINATEUR

Le menu **Démarrer** et le Bureau de Windows vous donnent une vision thématique, voire conceptuelle, du contenu de votre ordinateur.

Néanmoins, il peut s'avérer nécessaire d'accéder directement aux différents composants de votre PC.

Cliquez sur le bouton **démarrer** de la barre des tâches de Windows. Dans le menu déroulant qui s'affiche, cliquez sur la commande **Ordinateur**. La fenêtre qui s'affiche correspond à celle de l'Explorateur Windows. Elle est divisée en plusieurs parties :

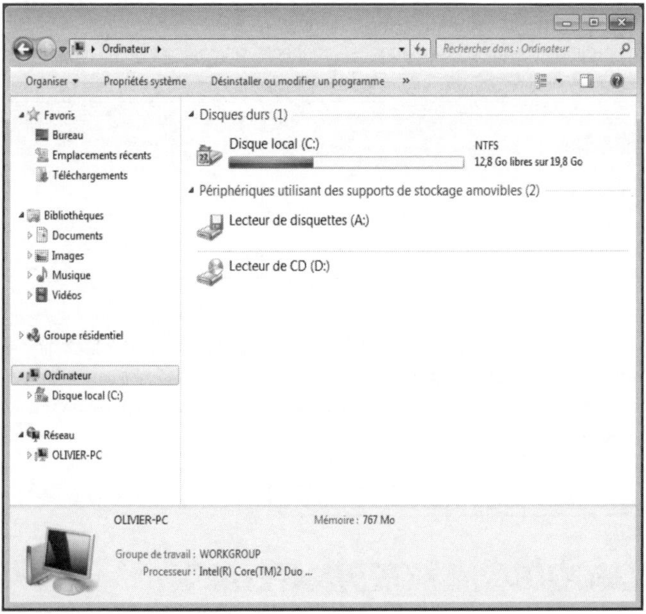

— Vous disposez, dans la section de gauche, d'un menu proposant plusieurs sections. La première, *Favoris,* intègre des raccourcis donnant un accès direct aux emplacements que vous utilisez le plus souvent.

— La section *Bibliothèques* rassemble vos fichiers dans différents dossiers thématiques. Vous bénéficiez ici d'une interface spécifique pour gérer ou lire toutes vos données.

— La section *Groupe résidentiel* correspond à une nouveauté introduite par le système Windows 7. Vous pouvez effectivement créer, sur un réseau, des groupes spécifiques protégés par mot de passe. De cette façon, seuls les ordinateurs autorisés pourront se connecter à vos espaces privés pour partager, avec vous, des informations.

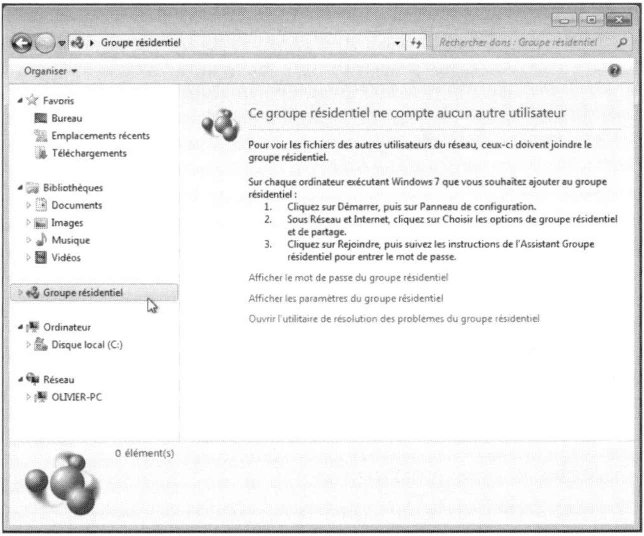

– La section *Ordinateur* contient tous les supports de stockage disponibles sur votre machine : disques durs, clés USB, lecteur ou graveur CD/DVD, etc.

– Enfin, la section *Réseau* regroupe tous les ordinateurs connectés au réseau domestique.

Notez que toutes les fenêtres de l'Explorateur Windows intègrent un volet intitulé **Détails**. Il se situe dans la partie inférieure de la fenêtre et permet d'afficher des informations techniques sur les éléments (dossiers, fichiers, raccourcis...) sélectionnés dans ladite fenêtre.

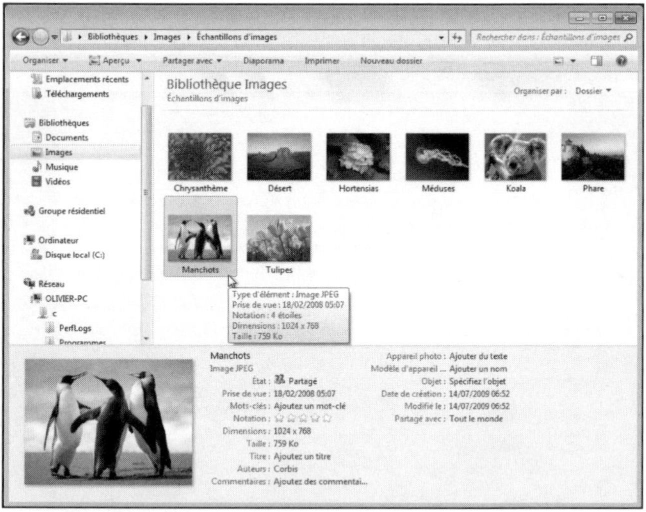

INFORMATION : L'ORDINATEUR

La partie droite de la fenêtre de la section *Ordinateur* affiche, sous plusieurs rubriques, les différents composants de votre PC et certains périphériques. Pour accéder à leur contenu, double-cliquez sur leur icône.

Lorsque vous cliquez sur la section *Ordinateur* à partir du menu gauche, les supports d'enregistrement disponibles apparaissent dans le cadre de droite, sous différentes sections.

- La première section, intitulée *Disques durs,* regroupe, comme son nom l'indique, tous les disques durs connectés à votre ordinateur et sur lesquels vous pouvez enregistrer vos documents.
- La deuxième section, intitulée *Périphériques utilisant des supports de stockage amovibles,* regroupe tous les autres dispositifs de stockage.

Citons, par exemple, le lecteur de disquettes, le graveur de CD/DVD, une clé USB, etc.

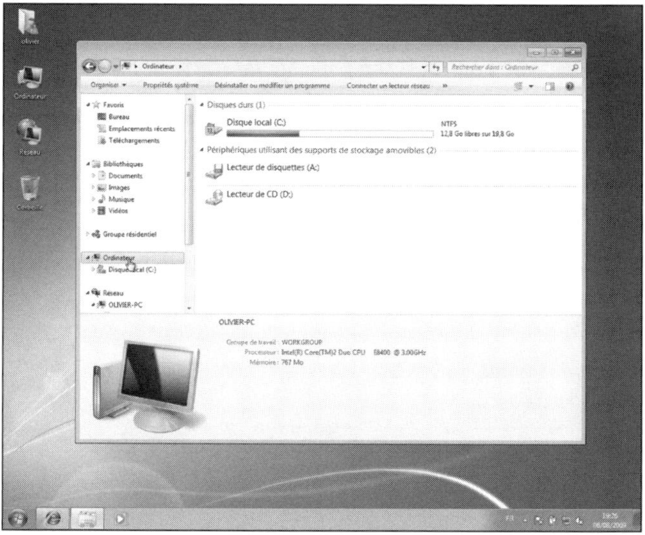

Pour naviguer rapidement à travers tous les supports de stockage de votre ordinateur, cliquez sur leur icône. Utilisez également, dans les fenêtres de l'Explorateur Windows, les boutons **Précédente** et **Suivante** disponibles dans la barre d'outils.

INFORMATION : LES LIENS DU SYSTÈME

Votre environnement de travail propose plusieurs liens donnant accès à des commandes ou à des ressources. Le pointeur de la souris change de forme et prend l'apparence d'une main, lorsqu'il survole un lien. Impossible de les manquer !

Selon votre situation (poste connecté à un réseau local, connexion d'autres appareils numériques à votre PC…), d'autres sections peuvent apparaître.

Par exemple, vous pouvez avoir une rubrique dédiée aux lecteurs accessibles sur un réseau local ou à un ordinateur de poche (PDA).

DÉFINIR UN ESPACE SUR MESURE

Avec Windows, vous disposez d'un environnement de travail configuré avec des paramètres prédéfinis. Cela s'avère souvent bien utile car il n'est pas réellement nécessaire de bien connaître le système pour l'utiliser immédiatement. Mais vous pouvez mieux l'adapter à vos besoins.

1- Cliquez sur le bouton **démarrer** de la barre des tâches de Windows. Dans le menu qui se déroule, sélectionnez **Panneau de configuration**.

2- Dans la fenêtre qui s'affiche, cliquez sur l'icône *Apparence et personnalisation*.

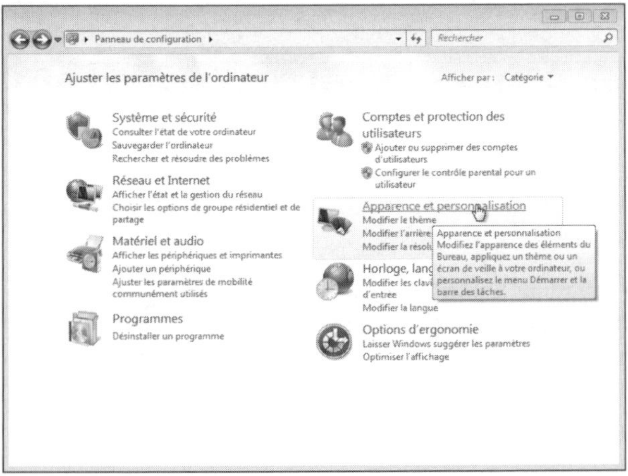

ASTUCE : PERSONNALISER WINDOWS

Avec le temps, la configuration par défaut de Windows convient rarement à toutes les situations et à tous les besoins. Dès lors, n'hésitez pas à la modifier, pour plus de confort de travail, avec tous les outils dont vous disposez dans la section *Apparence et personnalisation*.

3- Une nouvelle fenêtre s'ouvre. Cliquez, par exemple, sur l'icône *Affichage* pour passer immédiatement à l'étape suivante.

INFORMATION : PARAMÉTRER LE SYSTÈME

La configuration d'un système recouvre deux types d'opérations : d'une part, une série de réglages complexes qui s'appliquent au fonctionnement de Windows, d'autre part, des ajustements simples qui ont des effets plus visuels, telle la modification du mode d'affichage.

4- La fenêtre qui s'affiche vous permet d'améliorer d'un simple clic la lisibilité du texte à l'écran en augmentant sa taille avec les options *Moyenne – 125 %* ou *Grande – 150 %*.

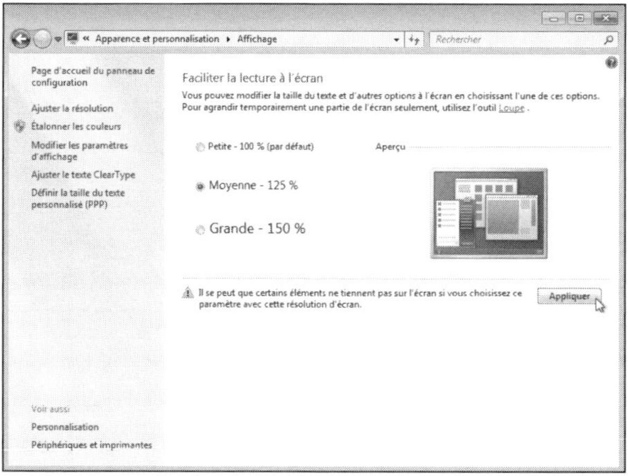

5- Revenez en arrière en cliquant sur le bouton **Précédente** de la barre d'outils.

6- De retour dans la fenêtre **Apparence et personnalisation**, cliquez sur le lien *Modifier le thème* de la section *Personnalisation*.

7- Sélectionnez, dans la fenêtre qui s'affiche, le thème de votre choix pour appliquer une image de fond, des icônes et des sons différents de ceux dont vous disposez par défaut.

ATTENTION : TROUVER D'AUTRES THÈMES
Le lien *Obtenir plus de thèmes en ligne* ne fonctionne que si vous êtes connecté à Internet. Si vous le sélectionnez, votre navigateur démarre automatiquement pour se connecter au site web de Microsoft. Vous pourrez ainsi récupérer et installer des thèmes supplémentaires.

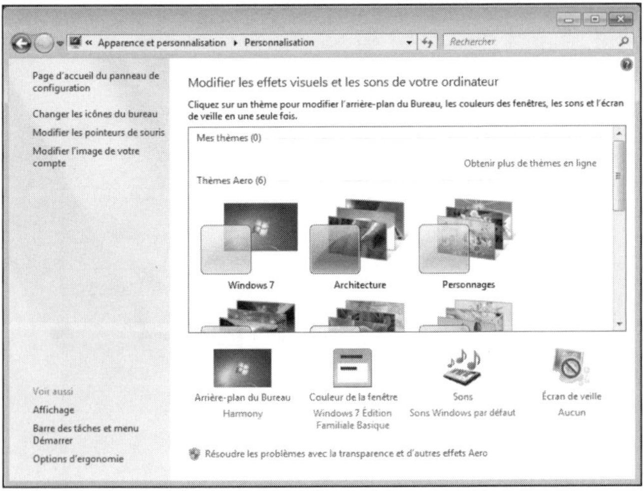

8- Cliquez sur l'icône *Arrière-plan du Bureau* pour définir l'image d'arrière-plan de votre choix. Sélectionnez-la à partir de la liste conçue à cet effet.

9- Si aucune image ne vous convient, cliquez sur le bouton **Parcourir** pour en choisir une parmi vos propres images. Il est nécessaire d'indiquer son emplacement exact en la sélectionnant à partir de la boîte de dialogue qui s'affiche. Cliquez ensuite sur le bouton **Ouvrir**.

Vous pouvez étirer ou centrer une image de fond, voire la reproduire sur toute la surface de l'écran pour obtenir un effet de type mosaïque.

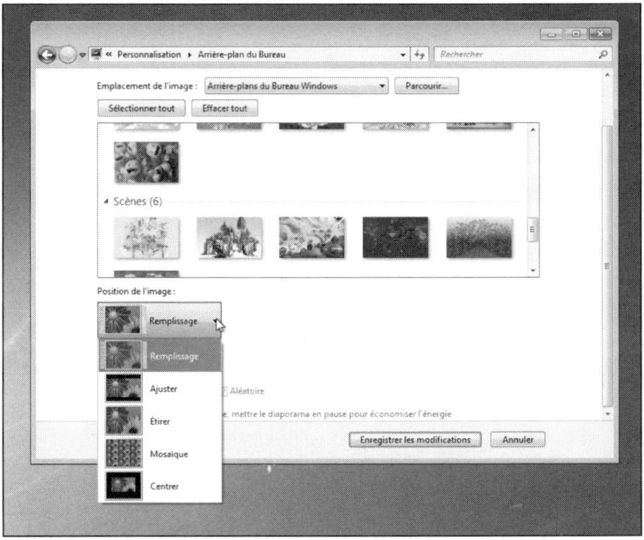

10- Sélectionnez une des options proposées dans la liste déroulante *Position de l'image*. Cela permet de définir le mode d'intégration de l'image d'arrière-plan sur le Bureau.

11- Cliquez sur le bouton **Enregistrer les modifications**.

Vous disposez maintenant d'un nouveau fond pour votre Bureau.

ACTIVER L'ÉCONOMISEUR D'ÉCRAN

Un écran de veille a plusieurs avantages. Il permet de prolonger la durée de vie du moniteur et de faire de petites économies d'énergie, toujours bienvenues.

Dès lors, n'hésitez pas à paramétrer votre propre écran de veille dans Windows :

1- Cliquez sur le bouton **démarrer** de la barre des tâches de Windows. Dans le menu qui se déroule, sélectionnez **Panneau de configuration**.

2- Dans la fenêtre qui s'affiche, cliquez sur l'icône *Apparence et personnalisation*.

3- Une nouvelle fenêtre s'ouvre. Cliquez sur le lien *Modifier l'écran de veille* de la section *Personnalisation* pour accéder aux paramètres de configuration des économiseurs d'écran de Windows.

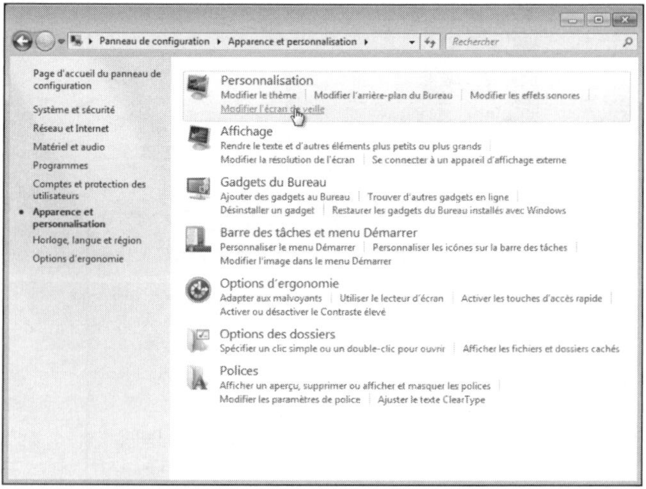

INFORMATION : LES ÉCRANS DE VEILLE WINDOWS
Les écrans de veille proposés par défaut sur votre système permettent d'afficher une animation lorsque vous n'utilisez plus votre ordinateur. Bien entendu, vous avez la possibilité de définir, dans la boîte de dialogue des propriétés de l'écran de veille, la durée d'inactivité avant de démarrer la mise en veille de l'ordinateur.

4- La boîte de dialogue **Paramètres de l'écran de veille** s'affiche immédiatement.

5- Sélectionnez dans la liste déroulante *Écran de veille* le type d'écran de veille que vous souhaitez adopter pour votre espace de travail. Vous pouvez, bien entendu, cliquer sur le bouton **Aperçu** pour avoir une idée plus précise des animations que vous sélectionnez dans cette liste déroulante.

6- Indiquez ensuite, sous le champ *Délai*, le nombre de minutes d'inactivité au-delà desquelles l'écran de veille démarrera automatiquement. Si vous cochez l'option *À la reprise, demander l'ouverture de session*, vous devrez, pour sortir du mode Veille, inscrire le mot de passe associé à votre compte d'utilisateur, si vous en aviez défini un pendant la procédure d'installation du système.

INFORMATION : SORTIR DE VEILLE
Pour accéder aux programmes d'un ordinateur mis en veille, appuyez sur une touche du clavier ou bougez la souris. Toutefois, si un mot de passe a été défini, il sera alors nécessaire de le saisir dans une zone de texte prévue à cet effet.

MODIFIER LA DATE ET L'HEURE

Il n'est pas rare, lorsque vous venez d'acheter un nouvel ordinateur, qu'un petit réglage soit nécessaire, au niveau de la date, qui peut être erronée, ou au niveau de l'heure. Dans tous les cas, l'opération ne pose aucune difficulté.

INFORMATION : LES CHANGEMENTS D'HEURE
Lorsque vous passez de l'heure d'été à l'heure d'hiver, ou inversement, Windows se met automatiquement à jour. Inutile de régler manuellement son horloge, il s'en charge lui-même.

1- Cliquez sur le bouton **démarrer** de la barre des tâches de Windows.

2- Dans le menu qui se déroule, cliquez sur **Panneau de configuration**.

3- Dans la fenêtre qui s'affiche, cliquez sur l'intitulé de section *Horloge, langue et région*.

4- Cliquez ensuite sur le lien *Définir l'heure et la date* disponible sous la section *Date et heure*.

ATTENTION : UN SYSTÈME QUI NE CONSERVE PAS SES RÉGLAGES
Si, lorsque vous démarrez votre ordinateur, celui-ci ne conserve pas la date ni l'heure que vous aviez réglées lors d'une précédente session système, cela signifie probablement que la pile de la carte mère doit être changée.

5- Dans la boîte de dialogue qui s'ouvre, cliquez sur le bouton **Changer la date et l'heure**.

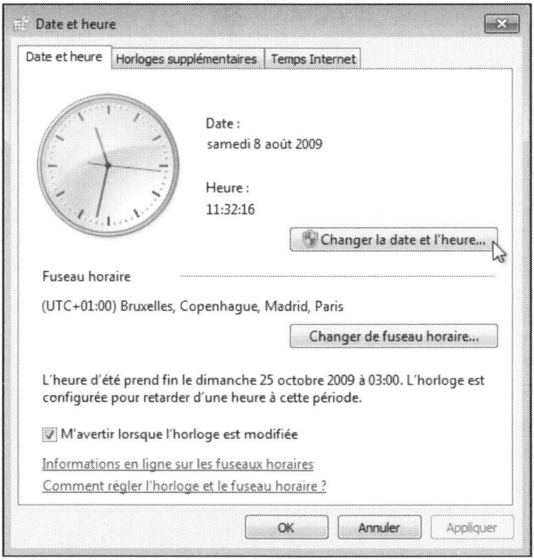

6- Une nouvelle boîte de dialogue s'affiche. Vous disposez ici de toutes les commandes nécessaires pour modifier la date et l'heure du système. Plusieurs sections sont disponibles, vous permettant de définir dans les moindres détails vos propres réglages.

7- Dans le cadre de gauche, vous disposez d'un calendrier. Sélectionnez le mois et l'année de votre choix avec les flèches prévues à cet effet. Cliquez ensuite sur un jour précis dans le calendrier de la section *Date*.

INFORMATION : LES FORMATS DE DATE ET D'HEURE

Vous pouvez modifier le format d'affichage des dates et des heures à partir d'un autre module du Panneau de configuration intitulé *Options régionales et linguistiques*. Il permet également de définir les paramètres d'affichage des valeurs monétaires et des nombres.

8- La section *Heure*, quant à elle, vous permet de modifier l'heure du système de plusieurs façons. Vous pouvez déplacer les aiguilles de la montre digitale ou inscrire directement l'heure de votre choix dans le champ conçu à cet effet.

9- Retournez dans la boîte de dialogue précédente et cliquez au besoin sur le bouton **Changer de fuseau horaire** pour remplacer le fuseau horaire du système par un autre de votre choix. Sélectionnez le fuseau qui vous intéresse à partir de la liste déroulante correspondante, *Fuseau horaire*.

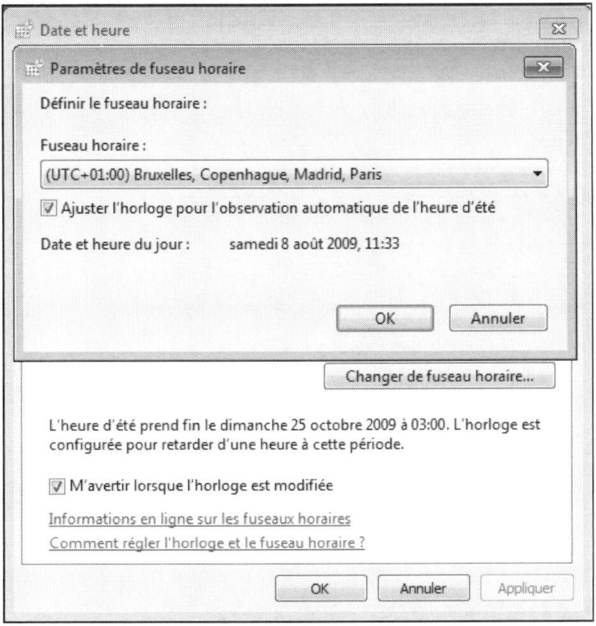

10- Cliquez sur l'option *Ajuster l'horloge pour l'observation automatique de l'heure d'été*. Le système pourra ainsi gérer automatiquement le passage à l'heure d'hiver ou d'été. Validez par OK.

ASTUCE : UN ORDINATEUR TOUJOURS À L'HEURE

Si vous disposez d'une connexion Internet permanente, la fonction de synchronisation automatique de l'heure de votre ordinateur avec un serveur de temps peut vous intéresser. Par défaut, cette opération s'effectue une fois par semaine.

11- Cliquez sur l'onglet **Temps Internet** puis sur le bouton **Modifier les paramètres** pour mettre automatiquement à jour la date et l'heure du système à partir d'un serveur dédié à cet effet sur Internet. Vous pouvez le sélectionner dans la liste déroulante *Serveur*. Cliquez ensuite sur le bouton **Mettre à jour** pour ajuster immédiatement l'heure de votre ordinateur.

12- Si vous souhaitez que cette opération s'effectue automatiquement toutes les semaines, cochez l'option *Synchroniser avec un serveur de temps Internet*.

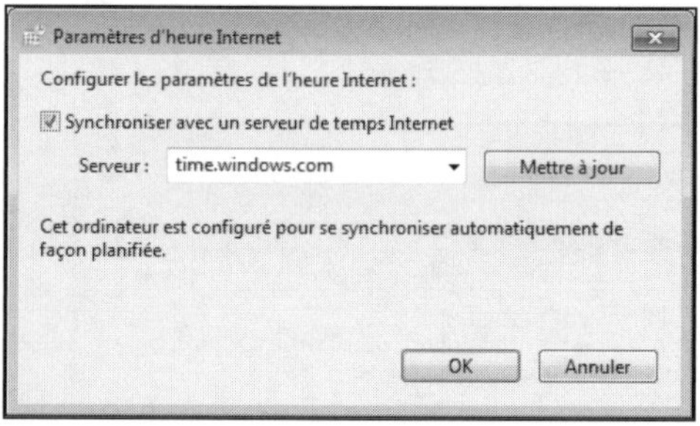

Pour valider vos modifications, refermez toutes les boîtes de dialogue en les validant par OK.

PERSONNALISER L'ESPACE

Pour le plaisir des yeux, vous n'êtes pas obligé de conserver les couleurs et les tailles de police prédéfinies par Microsoft, surtout si les réglages d'origine ne vous conviennent pas.

La méthode pour adapter Windows à votre goût s'avère en outre à la portée de tous.

1- Cliquez sur le bouton **démarrer** de la barre des tâches de Windows.

2- Dans le menu qui se déroule, sélectionnez **Panneau de configuration**.

3- Dans la fenêtre qui s'affiche, cliquez sur l'icône *Apparence et personnalisation*. Cliquez ensuite sur l'icône *Personnalisation*.

ATTENTION : NE PAS TOUCHER À TOUT
Le Panneau de configuration constitue un passage obligé dès lors que l'on souhaite personnaliser le système. Microsoft a effectivement regroupé ici tous les modules permettant de modifier la configuration du système. Cela dit, mieux vaut savoir ce que l'on fait avant de modifier quoi que ce soit à ce niveau. Certains réglages peuvent être fatals au bon fonctionnement de Windows.

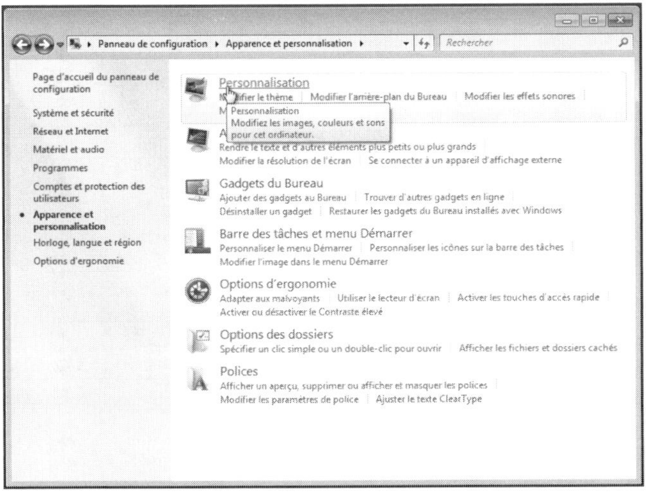

4- Cliquez, dans la fenêtre que vous obtenez, sur le lien *Couleur de la fenêtre* pour modifier différents paramètres d'affichage de Windows.

La nouvelle boîte de dialogue qui s'affiche permet de changer tous les éléments de Windows, dans les moindres détails. Chaque modification est immédiatement reproduite dans le cadre conçu fournissant un aperçu de l'affichage des fenêtres et boîtes de dialogue de Windows.

ATTENTION : POUR ALLER PLUS LOIN
Il existe des petits programmes que vous pouvez installer pour modifier encore plus finement l'apparence de votre espace de travail. Attention toutefois à ne pas en abuser pour ne pas ralentir votre système ou le rendre instable.

5- Pour modifier un élément, sélectionnez-le dans la liste déroulante *Élément*.

6- Sélectionnez une couleur, et éventuellement une taille et une police pour le texte, parmi les options prévues à cet effet.

7- Validez par OK lorsque vous aurez trouvé la combinaison de couleurs et de polices qui correspond le mieux à ce que vous recherchez.

ATTENTION : EN METTRE PLEIN LES YEUX
Outre les couleurs, vous pouvez personnaliser les effets visuels. N'hésitez pas à le faire si vous disposez d'un ordinateur moderne et puissant. Dans le cas contraire, abstenez-vous car certains réglages pourraient ralentir le fonctionnement de Windows.

De retour dans la fenêtre **Personnalisation**, cliquez cette fois sur l'icône *Sons*. Vous allez pouvoir modifier les sons associés par défaut à certains événements du système : démarrage, connexion d'un nouveau périphérique, fermeture d'une session Windows, réception d'une télécopie ou d'un message, etc.

1- Dans la boîte de dialogue qui s'affiche, sélectionnez un modèle de sons dans la liste déroulante prévue à cet effet. Rien ne vous interdit d'en tester plusieurs avec les événements du système disponibles juste en dessous.

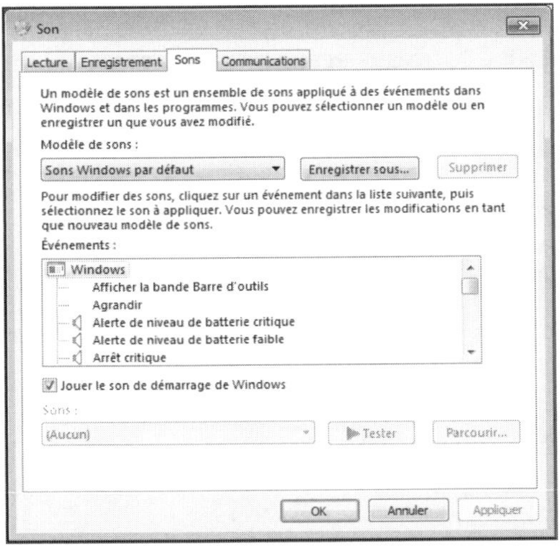

2- Sous la section *Événement*, sélectionnez l'événement système de votre choix. Cliquez ensuite sur le bouton **Tester** disponible dans la section *Sons*. Vous pouvez tester, si vous le souhaitez, d'autres événements du système. Sélectionnez-les et cliquez, comme vous venez de le faire, sur le bouton **Tester**.

3- Validez par OK.

Bien entendu, si le résultat ne vous convient pas, vous pouvez sélectionner un autre modèle de sons dans la liste déroulante précédente avant de valider votre choix.

MANIPULER DES FENÊTRES

Windows porte bien son nom. Sa traduction littérale, «fenêtre», correspond exactement aux principaux éléments qui constituent son interface : des fenêtres.

Chaque information, ou chaque programme, apparaît sous cette forme, dans un cadre spécifique que vous devez savoir manier parfaitement. En d'autres termes, la manipulation d'une fenêtre à l'écran constitue une des premières techniques à connaître lorsque vous démarrez avec l'outil informatique.

Pour ouvrir une fenêtre, vous n'avez que l'embarras du choix. Il suffit de démarrer n'importe quel programme ou d'afficher n'importe quel outil pour disposer immédiatement d'une fenêtre.

1- Cliquez, par exemple, sur le bouton **démarrer** de la barre des tâches.

2- Sélectionnez **Ordinateur** pour ouvrir immédiatement la fenêtre correspondante.

3- La fenêtre de votre programme est présente également sous forme de bouton dans la barre des tâches. Si vous cliquez une fois sur ce bouton, la fenêtre se ferme. En cliquant une seconde fois, vous la restaurez sur le Bureau. Cela se révèle très utile lorsque les fenêtres s'accumulent.

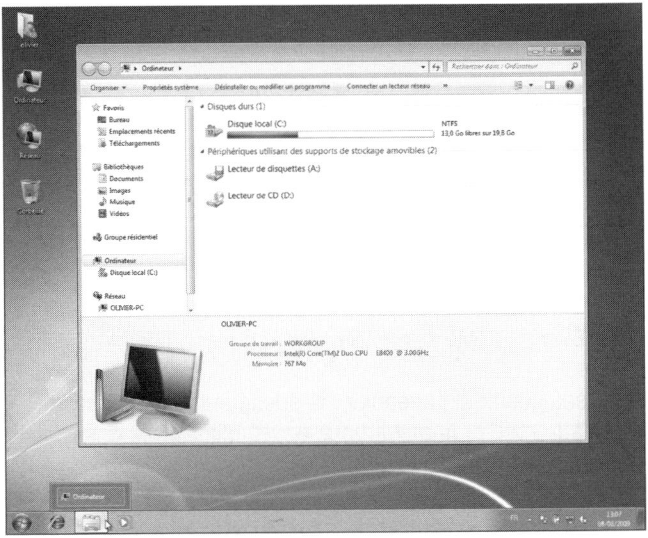

Sous Windows, vous pouvez faire mille choses à la fois ! Cela signifie que vous devez savoir gérer un nombre important de fenêtres à l'écran.

INFORMATION : DES OUTILS INTÉGRÉS

Les fenêtres de Windows, qui permettent d'utiliser vos programmes et de créer vos documents, intègrent des fonctionnalités indispensables pour travailler confortablement avec les outils de votre système.

Chaque fenêtre dispose de trois boutons intégrés dans la barre de titre, à droite.

— Le premier, **Réduire**, permet de masquer la fenêtre.

— Le deuxième, **Agrandir**, permet d'afficher la fenêtre sur toute la surface de votre écran (taille maximale).

— Le dernier, **Fermer**, permet de quitter le programme.

INFORMATION : AFFICHAGE DU TITRE
L'extrémité gauche de la barre de titre d'une fenêtre Windows contient toujours l'intitulé du programme correspondant, associé à son icône. Notez toutefois que les versions 2007 de certains programmes de Microsoft, entre autres, offrent une disposition légèrement différente des informations et des commandes dans la barre de titre.

MANIPULER DES DOSSIERS

Pour enregistrer et conserver les documents que vous créez sur votre ordinateur, vous devez utiliser des dossiers, appelés aussi «répertoires».

Ainsi, vous pouvez accéder rapidement à vos fichiers et les gérer plus efficacement.

INFORMATION : DIFFÉRENCIER LES FICHIERS DES DOSSIERS
Un fichier représente un document de travail, une image, une feuille de calcul d'un tableur, etc. Un dossier, quant à lui, désigne un répertoire conçu pour regrouper certains ou tous les fichiers avec lesquels vous travaillez.

La façon la plus directe d'accéder à vos fichiers consiste à passer par l'Explorateur Windows, une fenêtre entièrement dédiée à l'affichage de vos dossiers et fichiers.

1- Sélectionnez **Explorateur Windows** à partir du bouton **démarrer/Tous les programmes/Accessoires** de la barre des tâches de Windows.

2- Vos fichiers et dossiers figurent dans la fenêtre principale de l'Explorateur Windows.

3- Pour naviguer à l'intérieur des répertoires, double-cliquez sur les intitulés de dossier.

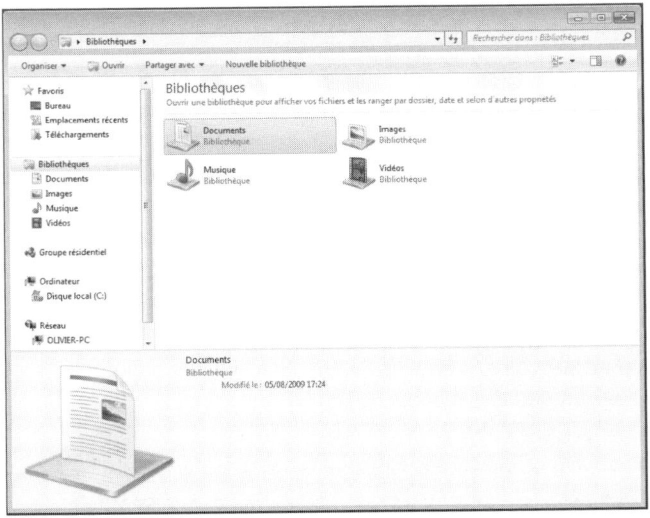

ATTENTION : TAILLE DES DOSSIERS
Lorsque vous publiez ou envoyez par courrier électronique un dossier dans sa totalité, prenez garde à sa taille. S'il est trop lourd, son transfert sera très long, voire impossible à effectuer.

Pour afficher les tâches à exécuter sur un fichier, vous avez deux possibilités :

— Sélectionnez-le et utilisez la barre d'outils de la fenêtre.

— Vous pouvez également cliquer du bouton droit de la souris sur le fichier de votre choix. Dans le menu contextuel qui s'affiche, sélectionnez la commande qui vous intéresse. Vous pouvez, par exemple, renommer, déplacer, copier, publier sur le Web, imprimer, envoyer par e-mail ou supprimer n'importe quel fichier sélectionné.

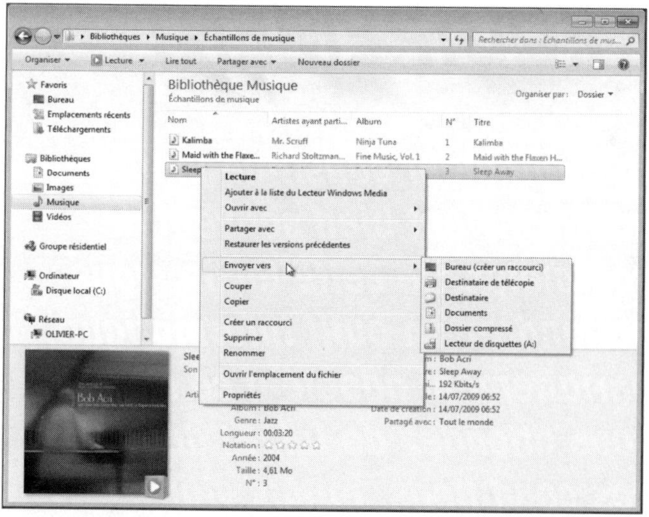

Si vous avez sélectionné un dossier, vous pouvez alors le renommer, le déplacer, le copier, le publier sur le web, le partager avec d'autres utilisateurs, l'envoyer par e-mail ou le supprimer.

COMPLÉTER L'ÉQUIPEMENT

Un ordinateur constitue une base qu'il convient bien souvent de compléter. De cette façon, vous obtiendrez un outil informatique parfaitement adapté à ce que vous attendez de lui. Et dans ces conditions, mieux vaut savoir installer soi-même les périphériques qui seront ajoutés au fur et à mesure qu'apparaissent de nouveaux besoins.

INSTALLER UN NOUVEL APPAREIL

La connexion d'un nouvel appareil à votre ordinateur nécessite presque toujours une procédure d'installation.

Heureusement, cette procédure a été, avec le temps, considérablement simplifiée. Et elle s'avère généralement identique pour tout type de matériel : modem, imprimante, etc.

1- Au moment du démarrage de votre ordinateur avec le nouvel appareil connecté, une boîte de dialogue s'affiche. Elle correspond à celle de l'Assistant Ajout de matériel.

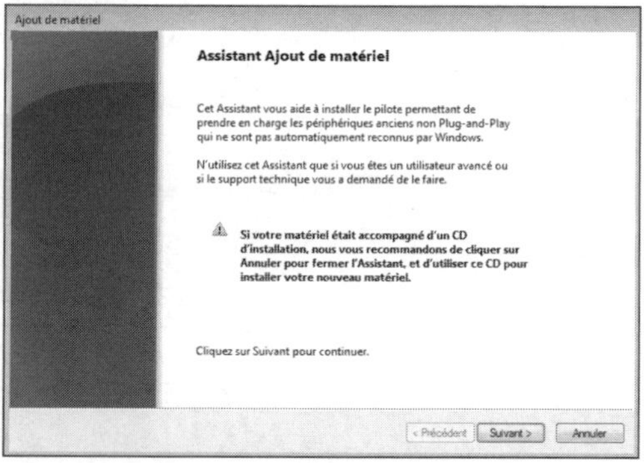

2- Insérez le CD-Rom d'installation de votre matériel dans le lecteur CD ou DVD et cliquez sur le bouton **Suivant**. L'Assistant Ajout de matériel va récupérer directement sur le disque les programmes dont il a besoin pour intégrer le nouveau matériel dans votre système.

INFORMATION : LE PILOTE

L'installation d'un nouveau matériel consiste à mettre en place un petit logiciel, appelé «pilote» ou «driver», conçu pour piloter votre matériel à partir de l'environnement Windows.

L'installation physique du nouveau matériel

1- Dans un premier temps, éteignez votre ordinateur.

2- Connectez le nouvel appareil à votre ordinateur en les reliant avec un cordon qui se branche généralement derrière le boîtier du PC.

3- Branchez ensuite l'appareil à une prise électrique, si cela s'avère nécessaire, puis redémarrez l'ordinateur.

4- Au terme de cette opération, cliquez sur le bouton **Terminer** et redémarrez votre ordinateur. Votre ordinateur devrait désormais fonctionner correctement avec le nouveau matériel.

Notez que vous pouvez mettre à jour les pilotes du matériel que vous venez d'installer à partir des fichiers proposés en téléchargement sur le site du constructeur de votre appareil. Il suffit, la plupart du temps, d'explorer le contenu des rubriques *Téléchargement, Assistance* ou *Support*.

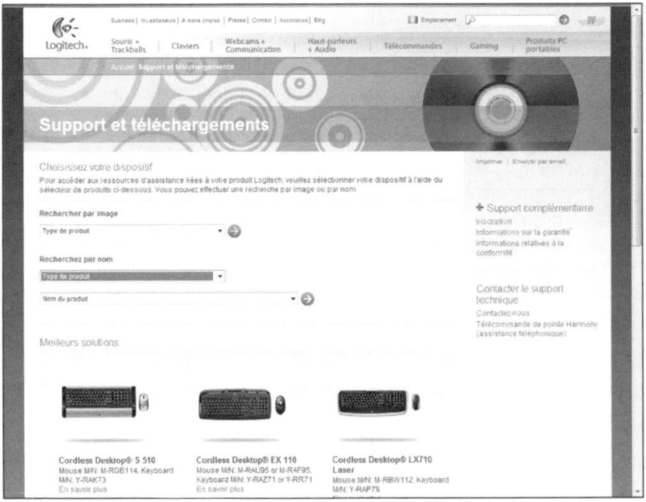

Autre technique

Si la boîte de dialogue de l'Assistant Ajout de matériel ne s'affiche pas automatiquement lorsque vous démarrez pour la première fois votre ordinateur après avoir branché votre nouveau matériel, ce n'est pas grave.

Il existe une autre méthode pour installer votre appareil :

1- Insérez le CD ou le DVD d'installation du nouvel appareil dans le lecteur de votre ordinateur prévu à cet effet.

2- La fenêtre d'accueil du programme d'installation s'affiche rapidement. Vous disposez ainsi d'une interface spécifique pour installer les fichiers nécessaires au bon fonctionnement de votre nouveau matériel.

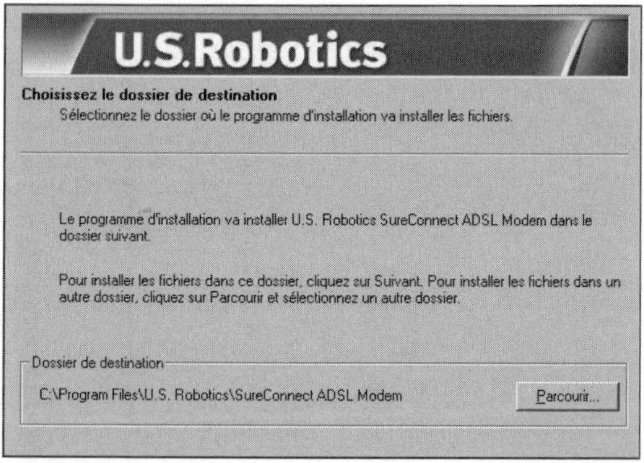

INFORMATION : L'ALIMENTATION ÉLECTRIQUE DES APPAREILS

Certains appareils n'ont pas besoin d'être reliés à une prise électrique car ils sont alimentés directement à partir de l'ordinateur. C'est le cas de la souris ou du clavier lorsque ces derniers n'intègrent pas la technologie sans fil. Ils fonctionnent alors avec des piles ou une batterie rechargeable.

Si vous disposez d'un disque d'installation pour intégrer votre nouvel appareil dans votre environnement de travail, mais qu'il ne contienne apparemment aucun programme prévu à cet effet, rien n'est perdu. Il existe encore une solution :

1- Insérez le disque d'installation de votre matériel dans le lecteur CD ou DVD. Cliquez ensuite sur le bouton **démarrer** de la barre des tâches de Windows.

2- Dans le menu qui se déroule, cliquez sur **Panneau de configuration** pour afficher une nouvelle fenêtre.

3- Cliquez sur la section *Matériel et audio*.

4- Dans la nouvelle fenêtre qui s'ouvre, sous la section *Périphériques et imprimantes*, cliquez sur le lien *Gestionnaire de périphériques*. Le Gestionnaire de périphériques s'affiche immédiatement.

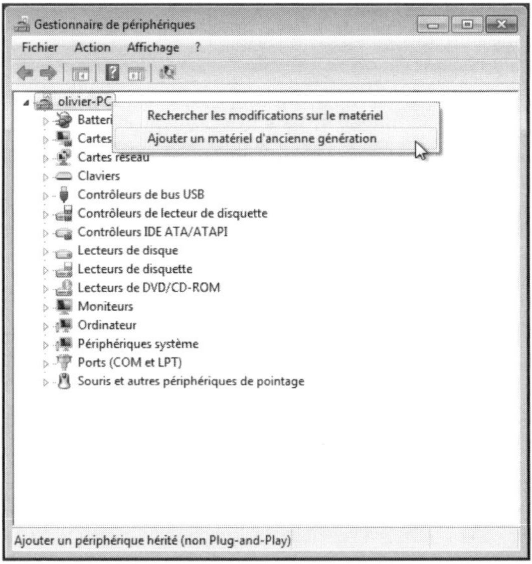

5- Cliquez du bouton droit sur l'intitulé de votre ordinateur.

6- Dans le menu contextuel qui s'affiche, sélectionnez la commande **Ajouter un matériel d'ancienne génération**.

Vous retrouvez ainsi la fenêtre de démarrage de l'Assistant Ajout de matériel. Indiquez-lui l'emplacement de votre CD ou DVD pour qu'il puisse récupérer lui-même directement les fichiers nécessaires à l'installation du nouveau matériel.

DÉSINSTALLER LE MATÉRIEL

Lorsque vous souhaitez retirer un appareil qui a été installé sur votre ordinateur, il ne suffit pas de le débrancher.

En effet, la procédure de désinstallation doit également s'effectuer au niveau logiciel, c'est-à-dire dans le système, pour retirer des fichiers nécessaires au fonctionnement du matériel.

ATTENTION : DYSFONCTIONNEMENT ASSURÉ

N'espérez pas conserver le pilote de votre matériel pour installer un nouveau pilote qui le remplacera. Cela ne fonctionnera pas et risque même de générer des erreurs critiques au niveau du système. Vous êtes prévenu !

1- Pour désinstaller un périphérique ou un composant relié à votre ordinateur, démarrez ce dernier.

2- Cliquez sur le bouton **démarrer** de la barre des tâches de Windows.

3- Dans le menu qui se déroule, cliquez sur **Panneau de configuration**.

4- Cliquez sur la section *Matériel et audio*.

5- Dans la nouvelle fenêtre qui s'ouvre, sous la section *Périphériques et imprimantes*, cliquez sur le lien *Gestionnaire de périphériques*. Le Gestionnaire de périphériques s'affiche immédiatement avec la liste de tous les composants matériels détectés sur votre ordinateur.

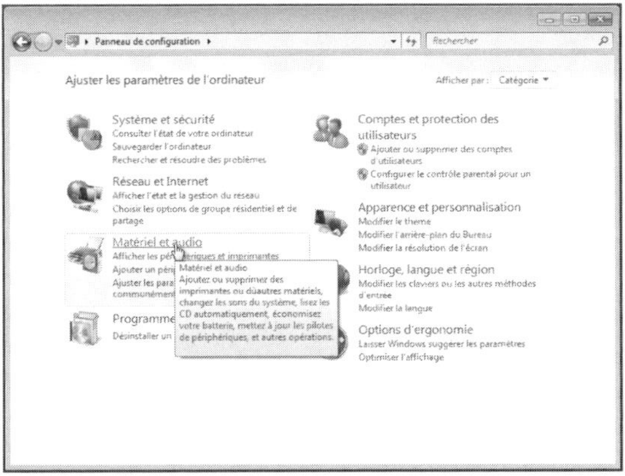

ASTUCE : DÉSINSTALLER LE MATÉRIEL

Il est nécessaire de désinstaller correctement votre matériel. Ainsi, votre système ne sera pas encombré avec des programmes inutiles qui risquent, avec le temps, de le ralentir.

6- Cliquez sur l'intitulé du composant qui vous intéresse pour sélectionner le modèle exact du matériel que vous souhaitez retirer de votre ordinateur.

7- Cliquez du bouton droit sur le matériel à désinstaller.

8- Sélectionnez, dans le menu contextuel qui s'affiche, la commande **Désinstaller**.

9- Un Assistant de désinstallation retire de Windows tous les fichiers correspondant à votre matériel.

10- Au terme de cette opération, refermez toutes les boîtes de dialogue restées ouvertes et quittez tous les programmes en cours d'exécution.

11- Éteignez votre ordinateur comme vous le faites d'habitude, en sélectionnant la commande prévue à cet effet à partir du bouton **démarrer** de la barre des tâches de Windows. Il ne reste plus qu'à débrancher le composant ou l'appareil concerné.

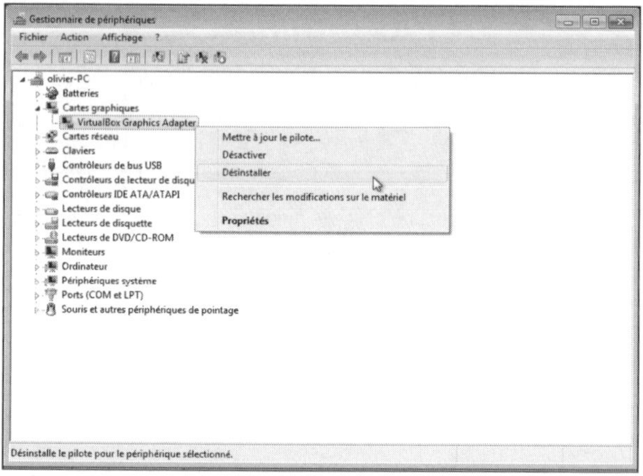

12- Redémarrez ensuite votre PC.

Votre ordinateur peut maintenant fonctionner parfaitement sans le matériel qui était auparavant intégré au système.

Dernière chose à savoir : lorsque vous devez mettre à jour les pilotes de votre matériel, il est inutile de les désinstaller. La procédure de mise à jour prend automatiquement en charge cette opération.

INFORMATION : DÉSINSTALLER «À CHAUD»

Il faut faire la différence entre une désinstallation définitive du matériel et une déconnexion, «à chaud», d'un périphérique relié à une prise spécifique, souvent USB, de l'ordinateur. Ce type de matériel est reconnu immédiatement et vous pouvez le brancher ou le débrancher comme bon vous semble.

INSTALLER UN PROGRAMME

Tout est prévu ! Lorsque vous souhaitez ajouter un programme sur votre ordinateur, vous devez suivre une procédure bien précise.

Celle-ci ne pose d'ailleurs aucune difficulté puisque chaque logiciel dispose maintenant d'un Assistant conçu pour prendre en charge la totalité des opérations.

ATTENTION : FERMER LES PROGRAMMES
Avant de commencer la procédure d'installation d'un nouveau logiciel, fermez tous les programmes en cours d'exécution.

1- Démarrez le programme d'installation. En général, celui-ci s'exécute automatiquement lorsque vous insérez le CD-Rom d'installation dans le lecteur CD ou DVD. Si vous avez téléchargé le programme sur Internet, double-cliquez sur le fichier correspondant pour démarrer la procédure. Il vous sera peut-être demandé au départ de choisir votre langue d'installation.

INFORMATION : SANS PROCÉDURE D'INSTALLATION
Certains programmes, «portables», n'ont pas besoin de procédure d'installation pour être exécutés sur votre système. Double-cliquez sur leur icône pour les démarrer.

2- Dans tous les cas, un Assistant d'installation s'affiche pour prendre en charge l'intégration de votre logiciel dans le système. Cliquez sur le bouton **Suivant** pour démarrer la procédure.

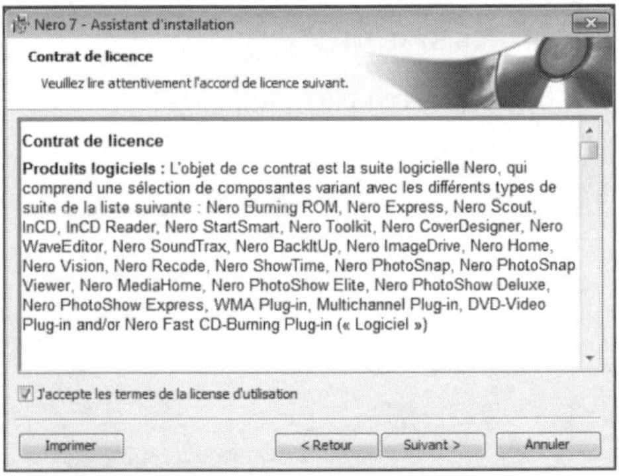

INFORMATION : UNE PROCÉDURE IDENTIQUE D'UN PROGRAMME À L'AUTRE

La procédure d'installation de n'importe quel programme se déroule presque toujours de la même façon. Un Assistant d'installation se charge de copier les fichiers au bon endroit et de paramétrer correctement le logiciel pour qu'il puisse fonctionner sans souci sur votre système.

3- Les termes du contrat de licence, qui déterminent les conditions d'utilisation du programme à intégrer dans le système, s'affichent toujours avant son installation. Il est conseillé de lire le contrat avant d'utiliser un logiciel.

4- L'Assistant d'installation vous propose de copier les fichiers nécessaires au fonctionnement du programme dans un dossier spécifique sur votre disque dur. Il est généralement préférable de conserver le chemin proposé par défaut.

ATTENTION : LA CONFIGURATION SYSTÈME

Prenez le temps de lire les conditions requises au niveau de la configuration de votre ordinateur pour exécuter correctement les programmes que vous souhaitez installer dans votre environnement de travail. Cela permet d'éviter bien des mauvaises surprises.

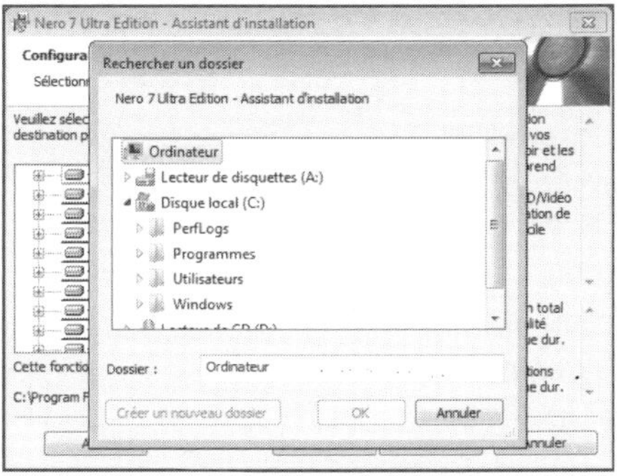

5- Si vous ne disposez pas, par exemple, de suffisamment d'espace libre pour installer le programme sur le disque dur proposé par défaut, vous avez toujours la possibilité de modifier le dossier. Cliquez sur le bouton **Parcourir** et sélectionnez le disque et le dossier où vous souhaitez effectuer l'installation.

6- L'Assistant d'installation vous propose de créer un groupe de programmes à l'emplacement de votre choix. Ce groupe sera disponible dans le menu déroulant qui s'affiche via le bouton **démarrer** de la barre des tâches de Windows. Vous pourrez, à partir de ce groupe, démarrer le programme en sélectionnant son icône.

ASTUCE : ENTRETENIR LE SYSTÈME

Avec Internet, il est devenu très simple de récupérer de nouveaux programmes et de les installer sur le système. Toutefois, pour éviter d'engorger ce dernier, il est préférable de désinstaller systématiquement toutes les applications que vous n'utilisez plus.

7- Juste avant de commencer la copie des fichiers dans le dossier indiqué précédemment, l'Assistant d'installation propose un récapitulatif des choix effectués pour l'intégration du programme dans votre environnement de travail. Si tout semble correct, cliquez sur le bouton **Suivant** ou **Installer**. Dans le cas contraire, sélectionnez le bouton **Précédent** ou **Retour** pour revenir en arrière et saisir vos corrections.

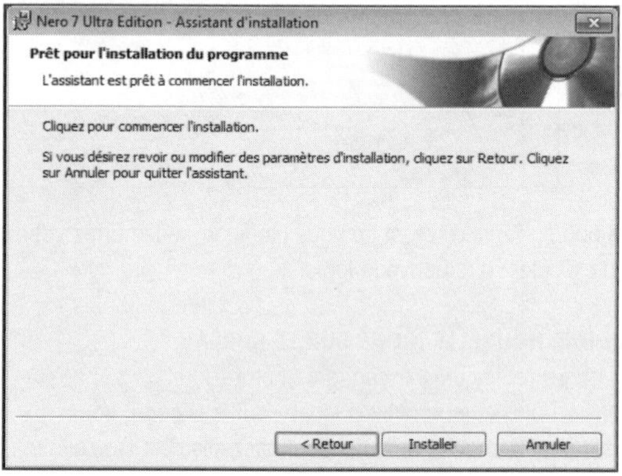

8- Pendant la procédure d'installation proprement dite, c'est-à-dire pendant l'opération qui consiste à copier des fichiers sur votre ordinateur, une fenêtre s'affiche pour vous informer de la progression des opérations.

INFORMATION : FREEWARE OU SHAREWARE ?
Vous trouverez sur Internet une multitude de programmes en freeware ou shareware à télécharger. Le premier type correspond à des applications totalement gratuites, tandis que le second type désigne des programmes payants qui offrent toutefois une période d'essai gratuite.

9- Certains programmes proposent, au terme de la procédure d'installation, un enregistrement sur un site web. Cela vous permet, entre autres, de recevoir par e-mail différentes informations sur l'évolution des programmes ou des offres sur d'autres produits du même éditeur.

10- Au terme de la procédure d'installation, le programme affiche un message vous informant que toutes les opérations se sont déroulées correctement.

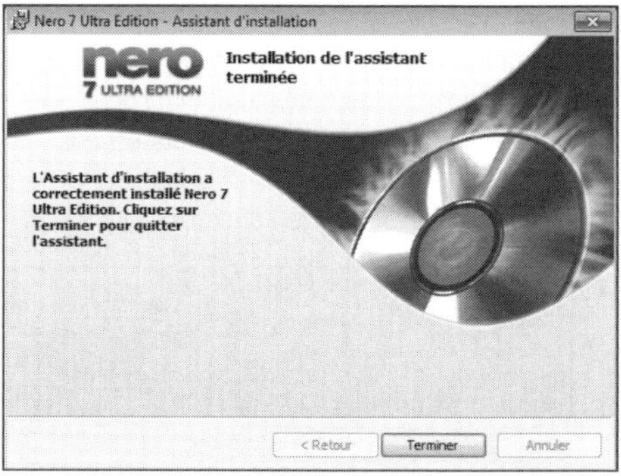

11- Cliquez sur le bouton **Terminer** et, si on vous l'indique, redémarrez votre ordinateur avant d'exécuter votre nouveau logiciel.

INFORMATION : UNE NOUVELLE ICÔNE SUR LE BUREAU
La majorité des programmes créent, pendant la procédure d'installation, une ou plusieurs nouvelles icônes sur le Bureau. Vous pouvez les utiliser pour démarrer votre application, mais rien ne vous interdit de les supprimer si elles vous encombrent.

12- Comme vous le constatez, vous disposez d'un nouveau groupe de programmes lorsque vous cliquez sur le bouton **démarrer** de la barre des tâches de Windows. Ce groupe a été créé automatiquement pendant la procédure d'installation du logiciel. Sélectionnez l'icône de votre programme dans le groupe correspondant pour démarrer immédiatement votre application.

Dernière chose : l'étape d'enregistrement des logiciels est rarement obligatoire. vous êtes libre de ne pas l'effectuer, au risque de passer à côté, parfois, d'une information intéressante.

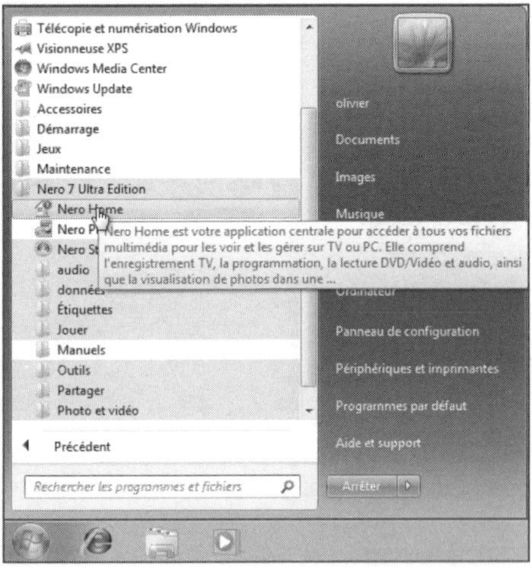

DÉSINSTALLER UN PROGRAMME

Il existe plusieurs méthodes pour désinstaller des applications. La plus simple consiste à utiliser la fonctionnalité de désinstallation, généralement disponible dans le groupe de programmes créé par l'application pendant la procédure d'installation.

1- Cliquez sur le bouton **démarrer** de la barre des tâches de Windows et sélectionnez **Tous les programmes**.

2- Sélectionnez ensuite le groupe de programmes correspondant au programme à désinstaller. Vous disposez d'une série d'icônes dans le groupe de programmes.

3- Sélectionnez l'icône de désinstallation du logiciel. Si vous ne trouvez pas ici d'icône pour désinstaller un programme, une solution sera proposée dans ce qui suit.

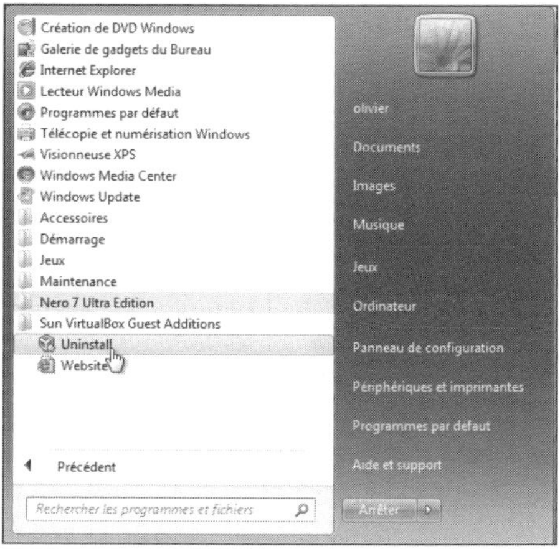

ATTENTION : CONSERVER OU NON DES INFORMATIONS

Parfois, vous avez la possibilité de conserver certaines informations de configuration pendant la procédure de désinstallation. Il est intéressant de le faire si vous envisagez d'installer le même programme plus tard. Cela vous évitera de paramétrer manuellement votre logiciel une seconde fois.

4- Un Assistant de désinstallation s'affiche, il ne reste plus qu'à suivre les instructions à l'écran.

Notez que certaines procédures d'installation sont capables de préserver des fichiers de travail ou de configuration. Dans le doute, il est préférable de toujours effectuer une sauvegarde.

Autre méthode

La deuxième méthode de désinstallation s'avère également fort simple. Elle consiste à utiliser une fonctionnalité intégrée à Windows. Elle permet de retirer proprement n'importe quel logiciel de votre environnement de travail.

ATTENTION : SAVOIR CE QUE L'ON FAIT

Ne désinstallez pas un programme du système sans savoir exactement ce qu'il fait. Certains modules sont indispensables au bon fonctionnement de Windows, tel un antivirus.

1- Cliquez sur le bouton **démarrer** de la barre des tâches de Windows.

2- Dans le menu qui se déroule, cliquez sur **Panneau de configuration**.

3- Cliquez sur la section *Programmes*.

4- Dans la nouvelle fenêtre qui s'ouvre, sous la section *Programmes et fonctionnalités,* cliquez sur le lien *Désinstaller un programme*.

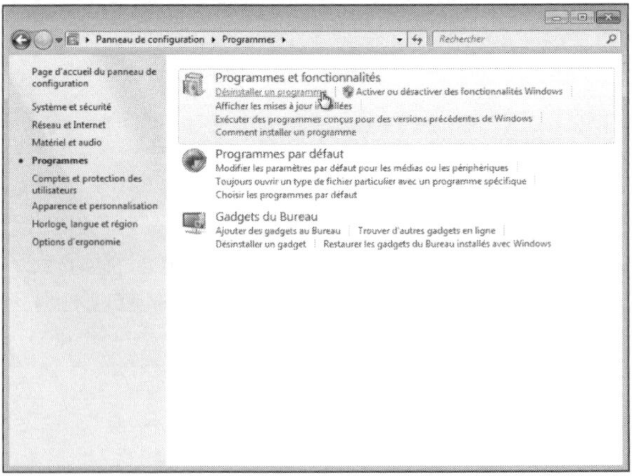

5- Une nouvelle fenêtre s'affiche. Elle contient une liste de toutes les applications installées sur votre système.

INFORMATION : PROGRAMME OU FONCTION INTÉGRÉE ?
Faites la différence entre un programme, que vous installez vous-même, et une fonctionnalité intégrée de Windows. Cette dernière est souvent disponible dès le départ avec le système, mais rien ne vous empêche de l'enlever de la même façon qu'un programme, comme nous le verrons plus loin.

6- Pour retirer un programme de votre système, sélectionnez son nom.

7- Cliquez sur le bouton **Désinstaller**.

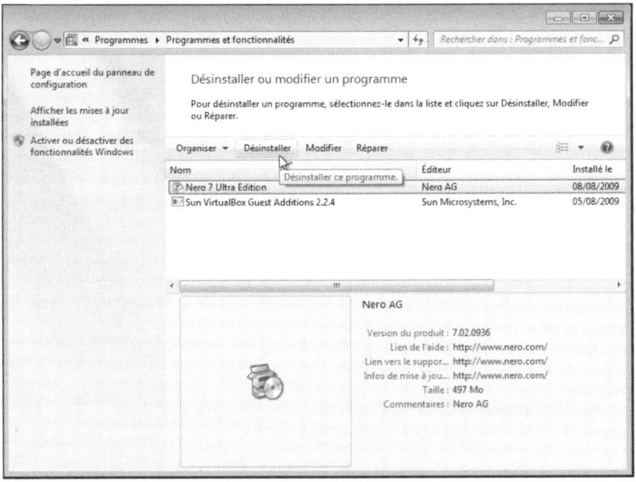

Un Assistant de désinstallation démarre immédiatement. Suivez les instructions à l'écran pour désinstaller votre application.

AJOUTER OU RETIRER UNE FONCTION

Certaines fonctionnalités, voire certains programmes, sont intégrés dès l'origine dans Windows. C'est le cas du lecteur multimédia Windows Media ou du logiciel de traitement de texte WordPad.

Vous pouvez en ajouter ou en retirer en quelques clics.

INFORMATION : DES FONCTIONS À INSTALLER

La plupart des fonctionnalités disponibles avec Windows ne sont pas intégrées dès le départ dans le système. N'hésitez pas alors à compléter votre environnement de travail.

1- Cliquez sur le bouton **démarrer** de la barre des tâches de Windows.

2- Dans le menu qui se déroule, cliquez sur **Panneau de configuration**.

3- Cliquez sur la section *Programmes*.

4- Dans la nouvelle fenêtre qui s'ouvre, sous la section *Programmes et fonctionnalités*, cliquez sur le lien *Désinstaller un programme*.

5- Dans la nouvelle fenêtre qui s'affiche, sélectionnez, dans le menu de gauche, le lien *Activer ou désactiver des fonctionnalités Windows*.

ASTUCE : DES FONCTIONS DISPONIBLES EN LIGNE

Il existe une multitude de fonctions disponibles en ligne que vous pouvez installer dans Windows. Connectez-vous au site de Microsoft France et parcourez la section *Téléchargement*. Vous y trouverez probablement votre bonheur.

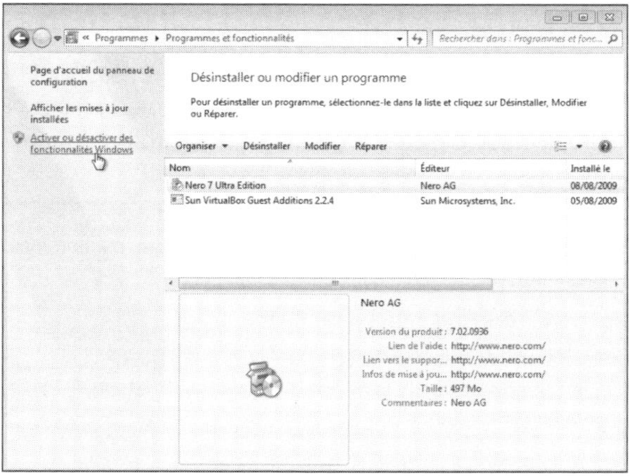

INFORMATION : REMPLACER UNE FONCTION OU UN MODULE

Certains composants proposés par Windows, tels le logiciel graphique Paint ou le traitement de texte WordPad, peuvent s'avérer insuffisants dans certaines situations. N'hésitez pas à les remplacer par des programmes plus puissants que vous trouverez sur le marché.

6- La boîte de dialogue qui s'affiche vous permet de sélectionner, en cochant les cases correspondantes, les composants Windows qui vous intéressent. Pour en supprimer certains, désélectionnez l'option correspondante.

ATTENTION : WINDOWS UPDATE

En règle générale, la fonction Windows Update ne permet pas d'ajouter de nouvelles fonctionnalités au système. Elle permet d'installer des mises à jour et des correctifs.

Notez que les composants proposés par Windows sont immédiatement opérationnels après leur installation. À la différence des autres programmes, les composants du système n'ont pas besoin d'être paramétrés pour fonctionner dans votre environnement de travail.

7- Refermez toutes les boîtes de dialogue en les validant par OK. Le système vous demande d'insérer le disque d'installation de Windows.

8- Après avoir inséré le disque d'installation, l'Assistant d'installation des nouveaux composants copie tous les fichiers nécessaires sur votre ordinateur. Au terme de cette opération, votre environnement de travail dispose de nouvelles fonctions.

CHOISIR UNE IMPRIMANTE

L'imprimante correspond généralement au premier équipement que l'on s'offre après avoir acheter un ordinateur. La tâche n'est pas toujours aisée compte tenu du nombre de modèles disponibles sur le marché.

Voyons alors le type d'appareil qui correspond le mieux à vos besoins.

ASTUCE : S'INFORMER

Avant d'effectuer votre achat, n'oubliez pas de consulter des sites web. Il existe une multitude de comparatifs sur les imprimantes qui vous guideront efficacement dans votre choix.

— L'imprimante laser : ce type d'imprimante n'a pas été conçu pour le tirage photo, mais elle fait des merveilles pour la bureautique (texte, graphique...). Cela dit, elle permet tout de même d'obtenir un résultat très correct lorsque vous imprimez des photos sur du papier standard. Son coût d'utilisation est également plus avantageux que celui d'une imprimante jet d'encre, avec une rapidité d'impression bien supérieure.

— L'imprimante jet d'encre : si vous envisagez d'effectuer vous-même des tirages photo, la technologie jet d'encre est incontournable. Elle vous permet d'obtenir des résultats équivalents à ceux des laboratoires professionnels selon le papier que vous aurez choisi. Néanmoins, si vous vous limitez à l'impression de documents texte et d'images sur du papier standard, optez plutôt pour une imprimante laser.

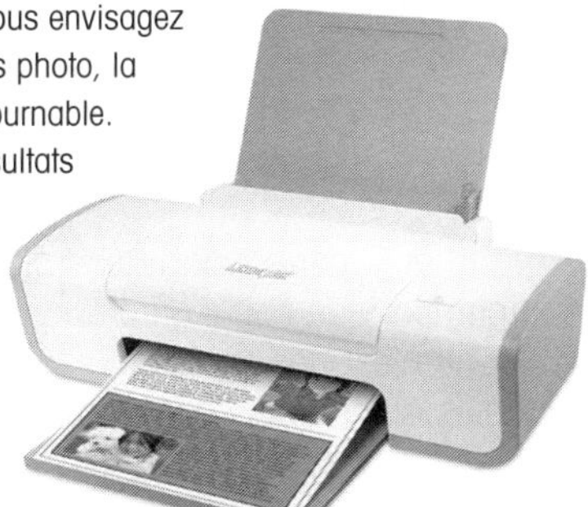

INFORMATION : PROCÉDURE D'INSTALLATION

En règle générale, Windows reconnaît automatiquement presque toutes les imprimantes connectées par le port USB. Si ce n'est pas le cas, vous disposez toujours d'un disque d'installation qui contient tous les pilotes nécessaires pour la reconnaissance du périphérique.

ASTUCE : ACCÉLÉRER LES IMPRESSIONS

Si vous trouvez les délais d'impression trop lents, il existe une solution simple et rapide pour accélérer la procédure. Achetez une barrette mémoire supplémentaire et installez-la dans votre machine. De fait, toutes les imprimantes embarquent une mémoire qui détermine en partie leurs performances.

— L'imprimante portable : dans un cadre professionnel, il peut être nécessaire d'imprimer vos clichés lorsque vous êtes en déplacement. Adoptez une imprimante portable. Certes, elle n'aura pas les mêmes performances qu'une imprimante de bureau. Mais vous disposerez d'une machine compacte et légère pour tous vos travaux d'impression.

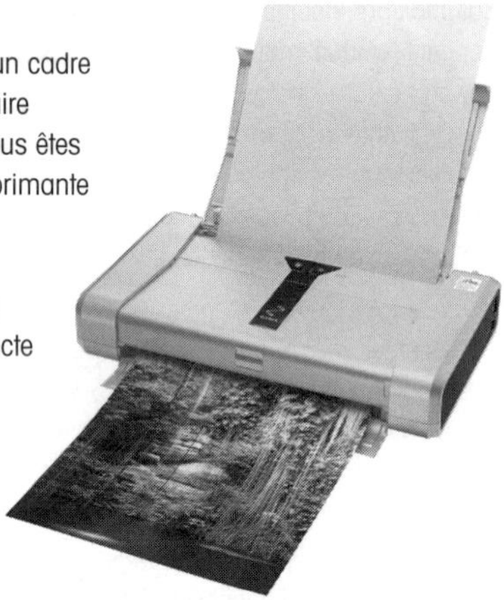

INFORMATION : METTRE À JOUR LES PILOTES

Acheter une imprimante avec des composants modernes et puissants ne suffit pas à garantir de bonnes performances. Vous devez maintenir à jour le pilote logiciel qui permet de l'exploiter dans les meilleures conditions.

CHOISIR UN NOUVEAU SUPPORT DE STOCKAGE

Choisissez votre support de stockage en fonction de vos besoins.

Par exemple, pour le transport et l'échange de données entre différents ordinateurs, adoptez de préférence une clé USB. Pour vos sauvegardes, orientez-vous plutôt vers un support optique ou un disque dur.

– Les supports optiques : avec les CD-R ou DVD-R, vous disposez d'un support fiable pour vos sauvegardes. Stockez-les correctement, à l'abri de la lumière et dans un boîtier prévu à cet effet. Méfiez-vous également, lorsque vous les manipulez, des rayures qui peuvent les rendre illisibles.

ASTUCE : OPTER POUR LE DVD
Compte tenu du prix, n'hésitez pas à remplacer votre graveur CD par un graveur DVD. Le support DVD-R ou DVD-RW offre une capacité de stockage bien plus grande que celle du CD-R.

– La clé USB : indispensable pour échanger rapidement et en toute simplicité vos fichiers entre n'importe quel poste de travail et votre propre ordinateur, la clé USB trouvera toujours une place dans votre poche.

Il en existe de plusieurs tailles et leur prix ne cesse de baisser.

– Disque dur interne : pour stocker tous vos documents et gagner une place non négligeable sur votre bureau, pensez à installer un disque dur supplémentaire dans la tour de votre ordinateur. Ce type de support offre, en outre, des performances élevées.

INFORMATION : LA SAUVEGARDE SUR INTERNET

Différents services d'hébergement de sites web, entre autres, proposent un espace de stockage en ligne pour la sauvegarde de toutes vos données. Une solution qui ne manque pas d'intérêt, surtout pour les professionnels, qui peuvent ainsi accéder à toutes leurs données pendant leurs déplacements.

— Disque dur externe : disponible sous la forme d'un boîtier compact que vous pouvez brancher sur un port USB, il représente une solution parfaite si vous avez besoin d'un support de stockage de grande capacité lors de tous vos déplacements.

S'ÉQUIPER AVEC UN SCANNER

Bien souvent, en informatique, vous devez identifier vos besoins pour effectuer le bon choix. Et dans ce domaine, les scanners n'échappent pas à la règle.

Par exemple, certains modèles ne conviendront pas à la récupération au format numérique de tous vos documents (vieux journaux, photos…). Mieux vaut le savoir pour éviter de perdre du temps et de l'argent.

— Scanner des photos ou des pellicules représente une opération délicate que certains scanners ne pourront accomplir correctement. Ainsi, le scanner à main ou à défilement ne présente désormais plus aucun intérêt.

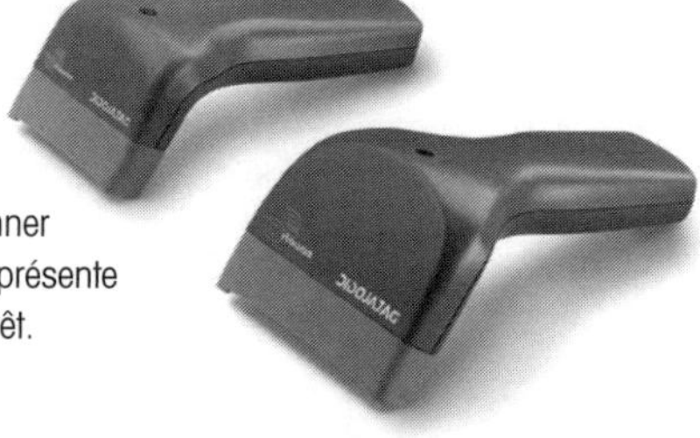

— Pour scanner dans les meilleures conditions vos documents ou photographies, préférez le scanner à plat. C'est le matériel le plus répandu sur le marché et le plus polyvalent. Il est capable de numériser tous les documents jusqu'au format A4.

INFORMATION : CHOISIR SON CAPTEUR
Il existe deux types de capteurs : CIS (Contact Image Sensor) et CCD (Charge Coupled Device). Les seconds équipent les scanners qui vous permettront d'obtenir les meilleures images. L'entrée de gamme est dotée d'un capteur de type CIS.

— Si vous avez des pellicules à numériser, il faut savoir que certains scanners à plat proposent des options pour réaliser ce type de tâche. Cela dit, vous pouvez acheter directement un scanner à plat à dos adapté pour les transparents. Choisissez-le alors avec une résolution élevée, c'est-à-dire au moins 1 200 × 2 400 dpi.

— Il existe enfin des scanners de film. Ils sont totalement dédiés à la numérisation des négatifs. Dans la plupart des cas, ils ne pourront traiter que des films 24 × 36 mais ils offrent une résolution très élevée, de l'ordre de 2 400 × 2 400 dpi. Cela permet d'obtenir des résultats excellents, voire exceptionnels.

Dans tous les cas, et avec n'importe quel modèle choisi, il existe encore plusieurs points à prendre en compte pour l'achat de votre matériel. Citons, parmi les critères les plus importants, la vitesse de numérisation, la place occupée par le scanner sur votre bureau et son ergonomie (accessibilité des boutons).

SE CONNECTER À INTERNET

Aujourd'hui, un ordinateur sans connexion Internet, ce n'est plus concevable. Dès lors, si vous souhaitez profiter des ressources du réseau mondial avec votre matériel, ce chapitre peut vous apporter une aide bien utile. Vous y trouverez effectivement toutes les bases nécessaires pour effectuer vos premiers pas en ligne avec votre nouvel ordinateur.

CHOISIR UN TYPE DE CONNEXION

Première chose à faire : connaître les offres de connexion Internet dont vous disposez dans votre quartier.

Discutez-en avec vos voisins ou trouvez un accès pour vous connecter à l'adresse www.degrouptest.com. Inscrivez votre numéro de téléphone et indiquez votre code postal. Vous obtiendrez une page avec toutes les offres disponibles.

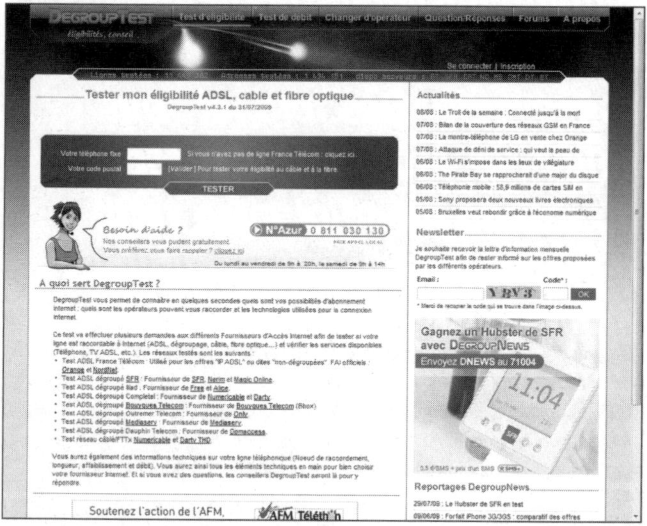

1- Dans le cas d'une connexion ADSL, qui tend à devenir le standard actuellement, vous devez poser, sur les prises téléphoniques, des filtres ADSL. Rien de bien compliqué. Ces filtres correspondent à des prises gigognes qui s'intercalent entre la prise téléphonique murale et celle du téléphone.

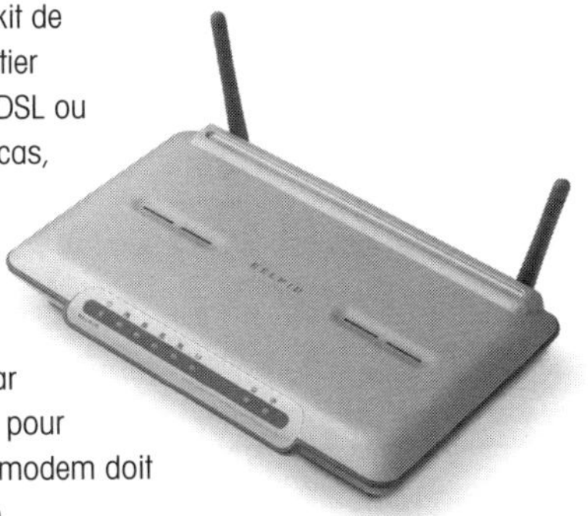

2- Votre FAI vous a envoyé un kit de connexion qui comprend un boîtier indispensable appelé modem ADSL ou modem câble. Dans le premier cas, connectez-le au filtre ADSL branché sur vos prises téléphoniques. Dans le second cas, le modem se relie à la prise câble installée par le technicien. Si vous avez opté pour une connexion bas débit, votre modem doit être relié à la prise téléphonique.

INFORMATION : LE KIT DE CONNEXION
Fini le temps où l'on devait paramétrer soi-même sa connexion Internet. Désormais, vous disposez d'un disque d'installation qui se charge de tout le travail à votre place. Et si ça bloque encore, appelez le support téléphonique de votre fournisseur d'accès.

3- Reportez-vous à la documentation du modem pour savoir sur quel type de prise de votre ordinateur il doit se connecter. S'il répond à la norme USB, vous devez le relier à un des ports USB disponibles. Ils sont facilement identifiables et vous les avez déjà probablement utilisés pour brancher une clé USB ou un appareil numérique (appareil photo, baladeur MP3, imprimante…).

— Si votre modem câble ou ADSL correspond à un modèle Ethernet, la procédure est tout aussi simple. Regardez l'arrière du PC, vous trouverez une prise Ethernet femelle adaptée aux prises mâles disponibles à chaque extrémité du câble qui relie votre ordinateur au modem. Si ce n'est pas le cas, appelez votre FAI afin d'échanger votre modem pour un modèle USB.

Pour conclure, sachez qu'avec un modem ADSL ou un modem câble, la technique reste la même : vous devez relier cet appareil à votre ordinateur avec le câble prévu à cet effet. Rien de bien compliqué !

DÉCOUVRIR LES SERVICES INTERNET

Internet représente, en fait, plusieurs services en ligne bien différents. Le service Internet le plus connu, et le plus riche, s'appelle World Wide Web (Web en abrégé).

Son fonctionnement ressemble à celui d'un journal. Il renferme d'innombrables informations organisées sous forme de pages qui contiennent des textes et des images, des sons et des vidéos, voire des logiciels que vous pourrez transférer sur votre disque dur.

— Pour parcourir le Web, il convient de disposer d'un logiciel conçu à cet effet et que l'on appelle navigateur ou browser. Il en existe plusieurs sur le marché. Les deux principaux, Internet Explorer et Firefox, sont totalement gratuits.

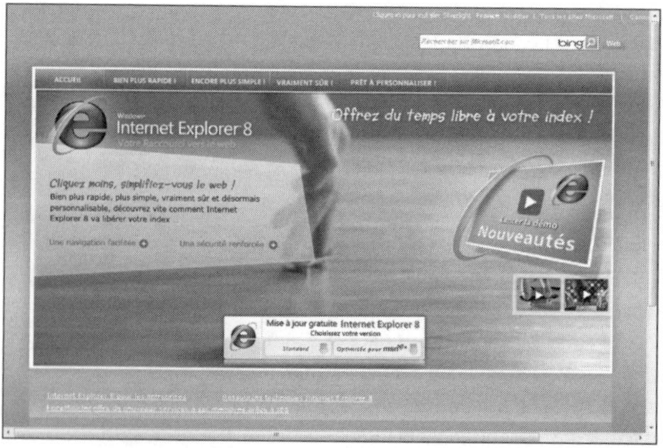

— Pour consulter un site, inscrivez et validez, avec la touche [Entrée] par exemple, son adresse dans la barre d'adresse du navigateur. Elle se situe dans la partie supérieure de la fenêtre.

INFORMATION : DÉLAI D'AFFICHAGE

Il peut se passer quelques secondes avant qu'une page web s'affiche complètement. Cela dépend de la qualité de votre liaison à Internet, de l'encombrement du réseau et de la fréquentation du service.

— Pour naviguer d'une page à l'autre, ou d'un site à un autre, il suffit bien souvent de cliquer sur des liens. Concrètement, certains textes sont soulignés. C'est ainsi que les navigateurs affichent les liens vers d'autres pages web. C'est par leur biais essentiellement que vous naviguerez sur les sites. Les informations qui vous intéresseront seront éventuellement réparties sur plusieurs pages et même sur plusieurs ordinateurs, et elles ne seront pourtant éloignées les unes des autres que d'un clic ! Vous n'aurez même pas besoin de saisir une adresse complexe pour atteindre les pages susceptibles de satisfaire vos attentes, ni de les charger dans la fenêtre du navigateur. Un simple clic sur le lien correspondant permet de le faire en toute simplicité.

ASTUCE : LECTURE IMMÉDIATE

Pendant que le navigateur transfère le contenu d'une page, il est inutile d'attendre la fin de son chargement dans la fenêtre pour démarrer la lecture du texte. Tous les navigateurs affichent progressivement les documents qu'ils téléchargent.

Les autres services Internet

Comme nous l'avons signalé au départ, il existe encore bien d'autres services sur Internet. Cet espace ne se limite pas uniquement aux sites web, accessibles avec un navigateur.

Vous disposez en fait de nombreux autres services, plus ou moins connus, tels le courrier électronique ou les groupes de discussion. Outre le Web, voici les principaux autres services que vous pourrez exploiter :

— FTP : ce service correspond à des serveurs disponibles sur Internet et spécialisés dans la distribution de programmes en tout genre (correctifs pour logiciels, versions de démonstration de jeux ou d'utilitaires, applications gratuites ou payantes...). Connectez-vous à ces machines et téléchargez les programmes qui vous intéressent.

— Courrier électronique (ou e-mail) : service de messagerie sur Internet. Un message que vous venez d'écrire se trouvera en quelques secondes dans la boîte aux lettres du destinataire, même s'il est situé à un tout autre endroit de la planète, par exemple en Chine. Celui-ci pourra également renvoyer sa réponse de manière aussi rapide, ou charger votre lettre dans son traitement de texte, la retravailler et même l'imprimer (cela est particulièrement pratique lors du transfert de messages à des sociétés, qui peuvent les distribuer ensuite par leur courrier interne). Notez que vous pouvez également envoyer de cette manière des programmes, du son, de la vidéo, etc.

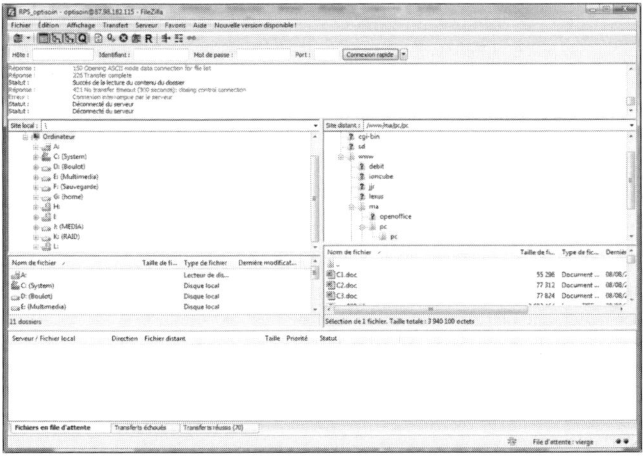

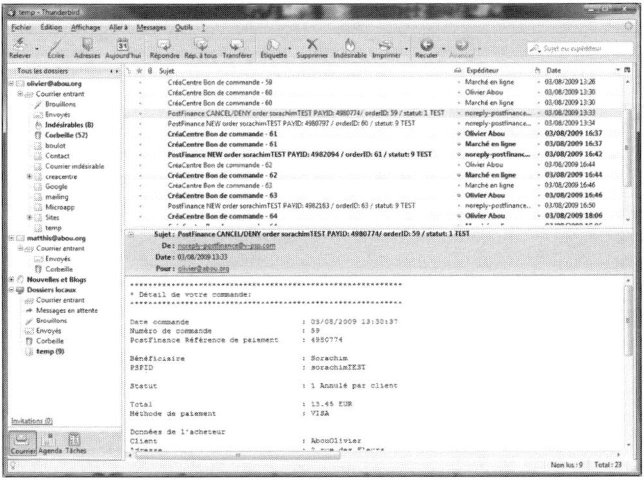

— Groupes de discussion (ou newsgroups) : il s'agit d'un espace de forums, c'est-à-dire un lieu où vous émettrez vos opinions et discuterez avec d'autres participants du monde entier. Les thèmes sont sans limites : petit bavardage entre amis, discussion à propos de hobbies communs, conversation sérieuse sur des thèmes économiques d'actualité ou discussion spécialisée de haut niveau. Vous pourrez également discuter de sujets politiques, de nouvelles techniques, ou demander un conseil. Bref, tout est permis, ou presque.

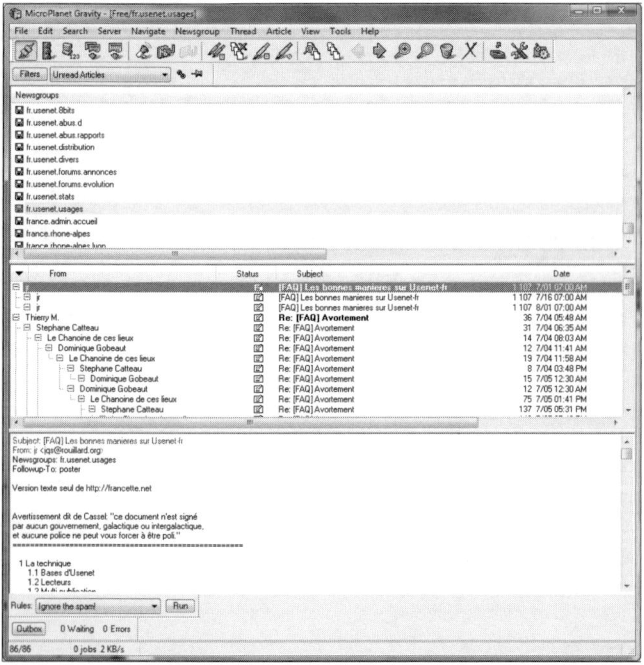

— Messagerie instantanée : ce système vous permet de rester en contact avec vos correspondants de façon continue lorsque vous êtes connecté à Internet. Vous pouvez discuter en temps réel par clavier interposé et même envoyer des fichiers.

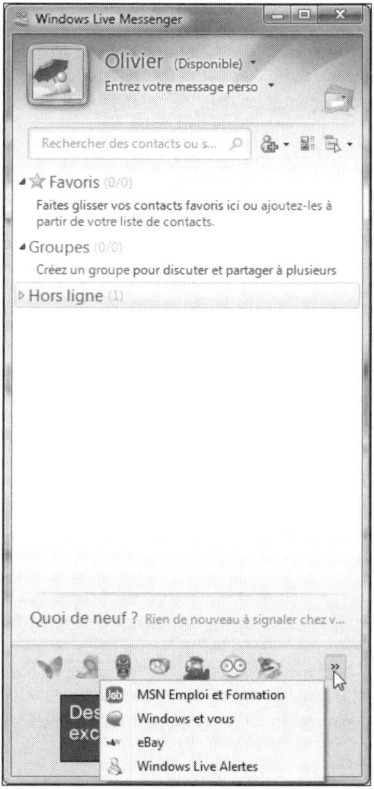

INFORMATION : DES SERVICES SIMULTANÉS

Avec Windows et Internet, vous disposez d'un environnement de travail multitâche et graphique, alors profitez-en ! Ouvrez plusieurs fenêtres de votre navigateur pour naviguer sur le Web, parcourir les espaces FTP, lire les messages des newsgroups, etc. Téléchargez des pages remplies d'animations ou de graphismes sur le Web tout en relevant vos e-mails. La seule limite qui existe dans ce domaine tient à la rapidité de votre connexion.

CONNAÎTRE LES BASES DE LA NAVIGATION

Le rôle d'un navigateur est de vous emmener partout où vous le désirez, sans formalités. Quelques clics sur des termes ou des images spécifiques (les fameux liens hypertextes) disséminés dans les pages des différents sites, et le tour est joué !

Mais pour vous connecter à ces derniers sans utiliser de tels liens, il est nécessaire de saisir vous-même leur adresse (appelée aussi URL, pour Uniform Resource Locator). Voici la technique pour le faire dans les règles de l'art :

1- Établissez une connexion à Internet et démarrez votre navigateur.

2- Inscrivez l'adresse du site qui vous intéresse dans la zone de texte conçue à cet effet.

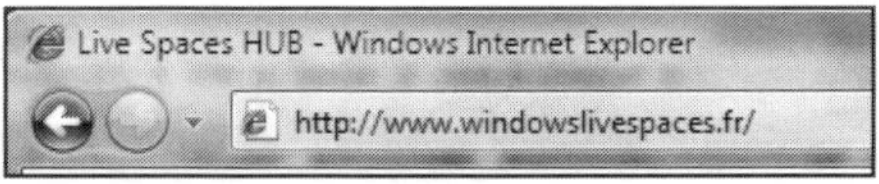

3- Validez votre saisie avec la touche [Entrée]. Ce n'est pas plus compliqué que cela. Notez toutefois que l'adresse d'un site web, son URL si vous préférez, correspond à une suite de caractères commençant en général par http://.

ASTUCE : SAISIE D'UNE URL

Pour la saisie des adresses de sites web, la mention des caractères http:// n'est pas obligatoire. De plus, bien souvent (mais pas toujours, tout dépend des choix du responsable technique du site concerné), la saisie des trois caractères www reste elle aussi facultative. Dans ce cas, une adresse de la forme http://www.serveur.fr s'écrira dans la barre d'adresse du navigateur `serveur.fr`, tout simplement.

– Vous pouvez également valider la saisie d'une adresse avec votre souris et non plus avec la touche [Entrée] du clavier. La technique : cliquez sur le bouton **Atteindre** représentant une flèche orientée vers la droite et qui se trouve à droite de la barre d'adresse du navigateur.

4- Après avoir affiché une page dans la fenêtre du navigateur, cliquez sur un lien (mot ou suite de mots soulignés et affichés dans une couleur autre que celle du texte normal, ou encore image) pour accéder aux informations disponibles sur d'autres pages.

– Si vous avez des difficultés pour identifier les liens d'une page, sachez que la forme du pointeur de votre souris change lorsqu'il survole un lien. De fait, la flèche du pointeur prend la forme d'un doigt.

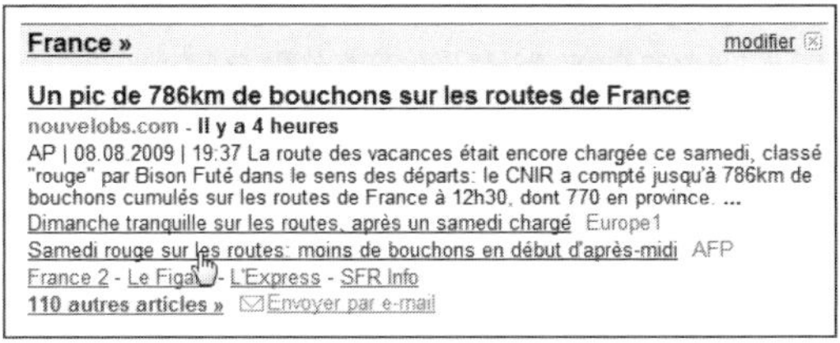

– En outre, dans la barre d'état du navigateur, l'adresse du site auquel est associé le lien s'affiche dès que le pointeur le survole.

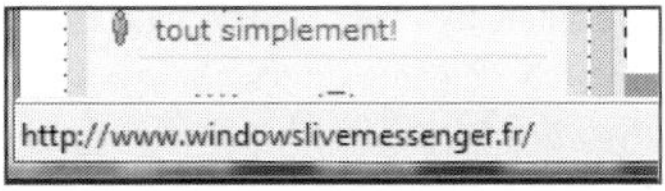

7- Pour revenir à un site précédemment visité, nul besoin de ressaisir l'adresse correspondante : cliquez sur le bouton **Précédente** (flèche gauche) dans la barre d'outils, et ce autant de fois que nécessaire pour retrouver le site qui vous intéresse.

— Autre solution : sélectionnez l'adresse du site qui vous intéresse dans la liste déroulante qui s'affiche lorsque vous cliquez sur la flèche associée à la barre d'adresse du navigateur.

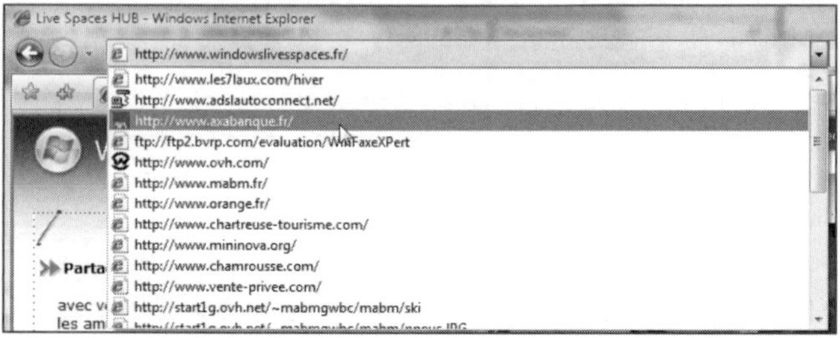

PERSONNALISER LA NAVIGATION

Il est facile de modifier la plupart des caractéristiques d'Internet Explorer pour qu'elles correspondent à vos préférences personnelles.

Jetez un coup d'œil aux options passées en revue ici, et découvrez comment donner un coup de neuf à votre navigateur.

Par exemple, rien n'est plus simple que de personnaliser l'interface de votre navigateur en ajoutant ou en masquant certaines commandes pour gagner de l'espace d'affichage. Ne vous en privez pas !

Pour masquer ou, au contraire, afficher des commandes supplémentaires dans l'interface d'Internet Explorer, voici la procédure à suivre :

1- Démarrez Internet Explorer.

2- Cliquez du bouton droit dans la barre d'outils sur un espace vierge (ne cliquez pas sur une icône) pour afficher un petit menu contextuel.

Comme vous pouvez le constater, les intitulés des barres d'outils cochés dans ce menu correspondent aux barres présentes dans l'interface du navigateur. Bien entendu, celles qui n'ont pas été cochées n'apparaissent pas dans Internet Explorer.

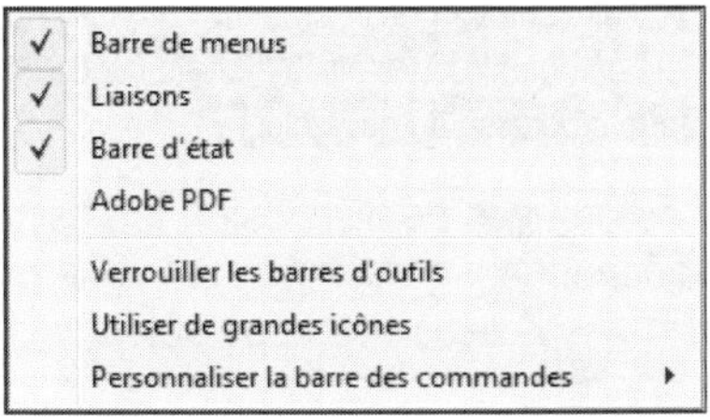

Vous avez la possibilité de personnaliser le contenu de certaines barres d'outils disponibles dans ce menu. Cochez, par exemple, la barre d'outils *Liaisons* pour l'afficher et modifier les boutons qu'elle contient.

Comme vous vous en apercevrez très rapidement, les boutons de type liens affichés dans cette barre d'outils vous entraînent vers des sites Microsoft. Si vous souhaitez conserver cette barre de liens mais choisir d'autres sites, ce n'est pas interdit.

1- Démarrez Internet Explorer et affichez la page dont vous souhaitez ajouter l'adresse dans la barre d'outils *Liaisons*.

2- Cliquez sur le bouton **Ajouter aux favoris**.

3- Sélectionnez la commande **Ajouter aux favoris** à partir du menu déroulant qui s'affiche.

4- Dans la boîte de dialogue qui s'ouvre, cliquez sur la liste déroulante *Créer dans* et sélectionnez le dossier *Liens*.

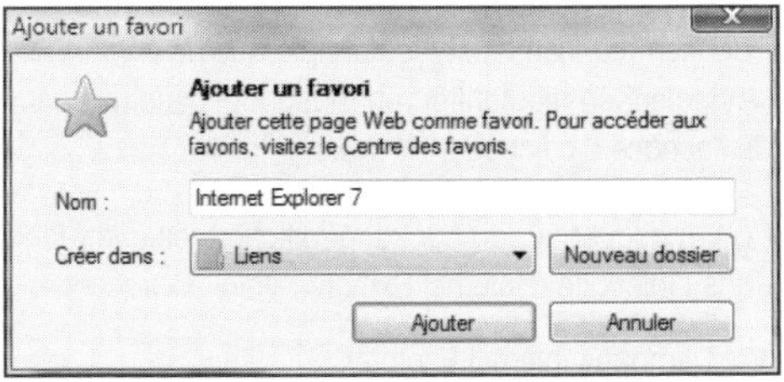

5- Cliquez sur le bouton **Ajouter** pour enregistrer la nouvelle adresse. Elle sera désormais disponible dans la barre d'outils réservée à vos liens.

CONSULTER LES GROUPES DE DISCUSSION

Les groupes de discussion représentent un espace d'échange gigantesque que vous pouvez parcourir en toute simplicité avec votre navigateur.

Comme vous pourrez vite le constater, les millions d'articles des newsgroups sont organisés en groupes thématiques. Leur dénomination vous laisse perplexe ? Pas étonnant lorsqu'on débute dans ce domaine, car les intitulés des groupes répondent à des règles strictes de nommage.

INFORMATION : UNE STRUCTURE BIEN DÉFINIE

Le contenu des groupes de discussion est organisé en arborescence, du plus général au plus précis. Les titres des groupes sont ainsi constitués de mots ou d'abréviations séparés par des points.

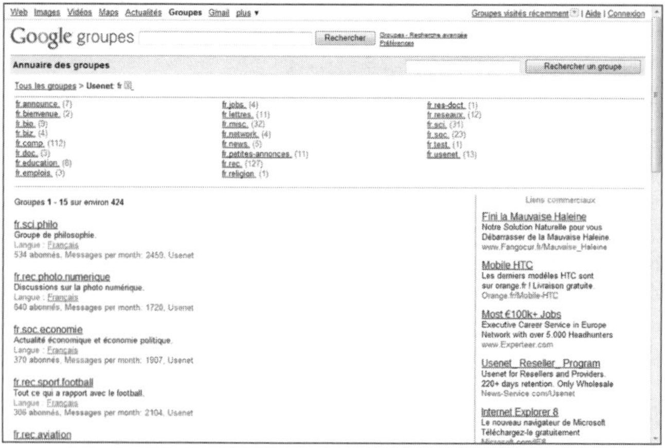

Pour avoir une idée du contenu d'un groupe selon l'intitulé qu'il propose, voici ce qu'il faut savoir :

– Le premier mot d'un intitulé de groupe est toujours une abréviation. Elle désigne une des grandes catégories de la hiérarchie des newsgroups (*comp* pour *computer,* ou *fr* pour *France* par exemple).

– Le deuxième mot renvoie au sous-ensemble de la hiérarchie principale. Et ainsi de suite jusqu'à tomber dans le groupe précis qui correspond au sujet qui vous intéresse.

INFORMATION : TECHNIQUE DE CLASSIFICATION

La longueur des intitulés des groupes ne doit pas vous effrayer. Plus le titre est long (c'est-à-dire plus il contient de mots séparés par un point), plus le groupe correspond à un sujet précis. De fait, imaginez un groupe nommé *comp.windows,* fréquenté par plusieurs millions de personnes, lesquelles écrivent, dans toutes les langues, des millions d'articles par jour à propos des systèmes d'exploitation Microsoft Windows. Impossible à gérer et à consulter ! Dès lors, une classification plus précise s'impose.

La façon la plus confortable d'accéder aux groupes de discussion consiste à exploiter les ressources du Web, et plus particulièrement les fonctionnalités du célèbre moteur de recherche Google. Celui-ci propose un espace entièrement dédié aux groupes de discussion, intitulé Google Groupes, et vous auriez bien tort de vous en priver.

1- Connectez-vous à www.google.fr/grphp?hl=fr.

2- Inscrivez un ou plusieurs mots-clés dans la zone de texte conçue à cet effet pour rechercher des messages dans les groupes de discussion qui vous intéressent et cliquez sur le bouton **Rechercher des groupes**.

3- Quelques secondes après, vous obtenez une liste de sujets de message.

4- Pour consulter l'un d'eux, cliquez sur son intitulé. Une nouvelle page s'affiche et vous pouvez ainsi lire son contenu.

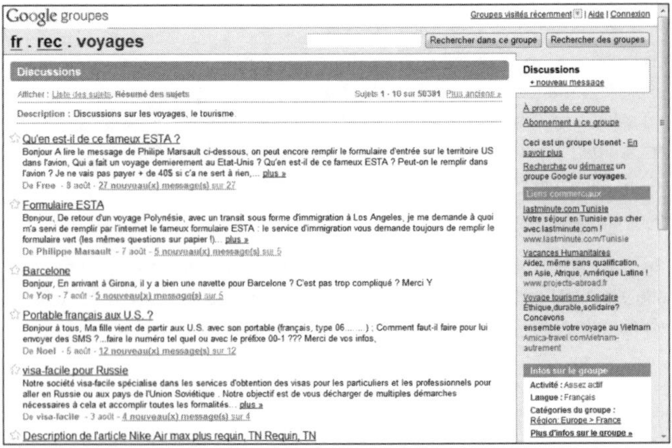

Comme vous le constaterez, Google n'est pas avare en résultats et vous obtiendrez souvent plusieurs centaines de contributions à consulter qui correspondent à vos critères de recherche. Cela dit, vous pouvez très bien cibler dès le départ vos recherches pour récupérer un résultat pertinent et surtout moins volumineux. Dès lors, n'hésitez pas à adopter l'interface de recherche avancée de Google Groupes.

1- Cliquez sur le lien *Groupes – Recherche avancée,* disponible à droite de la zone de texte dédiée à la saisie des termes de recherche.

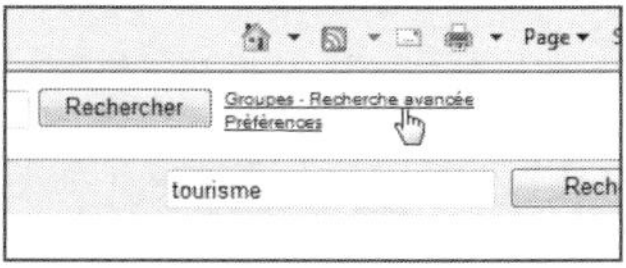

2- Une nouvelle page s'affiche et propose plusieurs options pour que vous précisiez les critères de votre recherche. Vous pouvez ici limiter vos investigations à un groupe bien précis ou définir un espace linguistique particulier pour le contenu des messages.

3- Vous avez également la possibilité d'indiquer la façon dont vous souhaitez afficher les résultats, en sélectionnant dans la première liste déroulante le nombre de contributions qui s'inscriront sur la page de résultats.

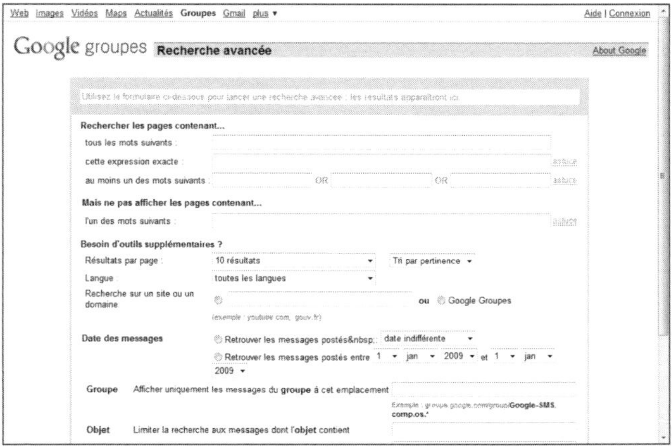

4- Seconde option : le type de tri à appliquer. Sélectionnez, dans la deuxième liste déroulante de la page, une des options proposées : par date ou par pertinence.

5- Enfin, vous pouvez dénicher tous les messages envoyés par un utilisateur en inscrivant son nom dans la zone de texte *Limiter la recherche aux messages dont l'auteur est*.

EFFECTUER UNE RECHERCHE AVEC GOOGLE

Le moteur de recherche Google représente le meilleur outil d'investigation sur le Net et il retourne des résultats particulièrement pertinents.

Dès lors, il fait l'unanimité et la plupart des internautes n'utilisent que lui. Cela dit, pour mettre toutes les chances de votre côté, il est préférable d'exploiter ses fonctionnalités avancées.

1- Connectez-vous au site français de Google à l'adresse www.google.fr.

2- À droite de la zone de texte conçue pour la saisie des mots-clés, cliquez sur le lien *Recherche avancée* pour accéder aux fonctions de recherche avancée de Google.

3- Une nouvelle page s'affiche et vous propose de nombreuses options pour vous permettre d'optimiser vos recherches :

— La section *Page contenant* affiche plusieurs zones de texte dans lesquelles vous inscrirez vos mots-clés, tout dépend en fait de la façon dont vous souhaitez effectuer votre recherche (tous les mots, une expression exacte, un ou plusieurs mots dans une liste de termes, ou aucun des mots saisis).

— Vous pouvez spécifier, à partir de la liste déroulante *Langue*, dans quel pays s'appliquera votre recherche en sélectionnant une des langues proposées.

— Indiquez ensuite, si vous le souhaitez, les formats de fichiers qui vous intéressent pour limiter votre recherche à ces derniers. Notez que Google peut effectuer son investigation sur des documents PDF, PS, DOC, XLS, PPT et RTF.

– Vous pouvez également limiter la recherche en fonction de la date de mise à jour d'un document. Utilisez à cet effet les différentes options de la liste déroulante *Date*.

– Pour encore mieux cibler votre recherche, vous pouvez indiquer, à partir des options de la liste déroulante *Emplacement*, l'endroit dans la page où devront figurer vos mots-clés : titre, liens, corps, etc.

– Pour limiter votre recherche à un site particulier, indiquez l'adresse souhaitée dans la zone de texte *Domaines*.

– Pour modifier la méthode de recherche, vous pouvez exploiter les deux dernières zones de texte proposées en fin de page. La première, intitulée *Similaires*, permet d'indiquer l'adresse d'une page web et de rechercher celles qui lui ressemblent sur d'autres serveurs.

– La dernière option, intitulée *Liens*, permet d'indiquer l'adresse d'une page web et de rechercher toutes les autres pages qui contiennent un lien dirigé vers elle.

Enfin, sachez que Google ne tient pas compte de la casse des lettres. Si vous saisissez `micro`, il trouvera également le terme *Micro*. Idem pour les lettres accentuées et celles qui ne le sont pas. Si vous saisissez `eleves`, il trouvera aussi les pages qui contiennent le mot *élèves*. Notez également que l'ordre des termes a son importance. De fait, la recherche de *mot clé* ne renverra pas les mêmes résultats que celle de *clé mot*.

TROUVER SA ROUTE

Internet propose une multitude d'outils pour effectuer toutes sortes de recherches, dans tous les domaines, même les plus étonnants.

Par exemple, si vous devez partir en voyage ou en rendez-vous dans un lieu qui vous est inconnu, pourquoi ne pas rechercher avant sur le Web votre itinéraire ? Vous disposez effectivement de tous les services nécessaires pour arriver à bon port, sans aucun souci.

1- Connectez-vous à www.mappy.fr. Vous disposez ici de deux modes de recherche. Le premier, *Itinéraire*, vous permet d'obtenir une feuille de route complète qui indiquera également le coût de votre déplacement. Le second, *Plan*, affichera un plan de ville à partir de l'adresse que vous aurez saisie.

2- Cliquez sur l'onglet **Itinéraire**.

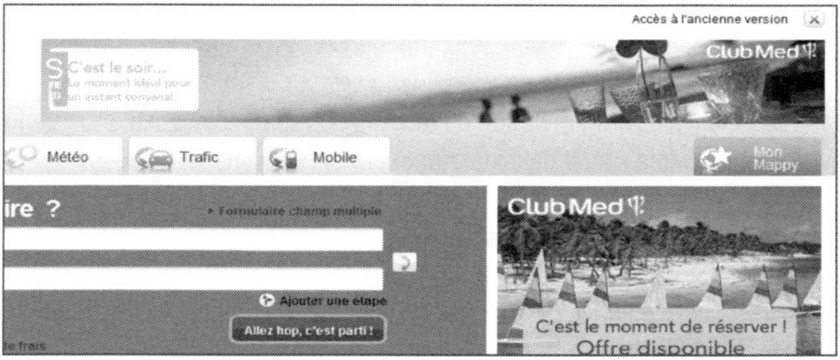

3- Sous la section *Calculez votre itinéraire ?*, inscrivez dans le premier champ l'adresse du point de départ (nom de rue ou de quartier, station de métro...). Précisez également la ville et le code postal.

4- Passez dans la zone de texte *Arrivée* et remplissez les informations relatives à votre destination. Vous disposez de plusieurs autres options supplémentaires grâce auxquelles vous spécifierez le type d'itinéraire à obtenir : *Express* (autoroute), *Sans péages* (aucune autoroute) ou *Piéton*. Notez que cette dernière option n'est valable que pour des parcours de moins de 20 kilomètres.

5- Pour obtenir des informations supplémentaires avec votre feuille de route, cliquez sur le lien *Calcul de frais* et remplissez le formulaire qui s'affiche. Sélectionnez le modèle de votre voiture et fournissez les informations demandées (avec ou sans caravane, poids du véhicule...). Indiquez également le carburant employé et son prix au litre. Précisez éventuellement le montant des indemnités de transport avant de cliquer sur OK.

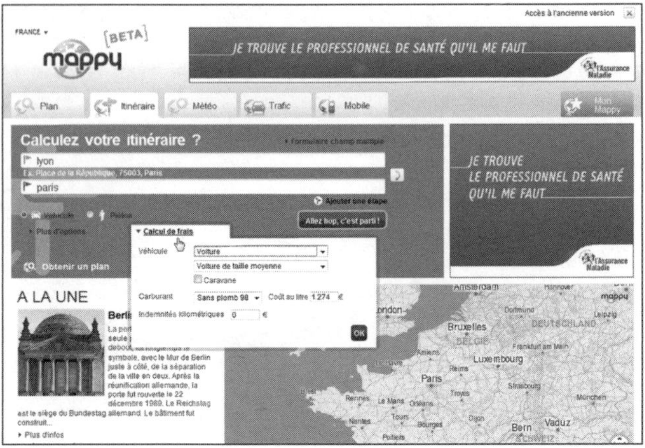

6- De retour dans le formulaire de départ, après avoir indiqué vos options, cliquez sur le bouton **Allez hop, c'est parti !**. Vous obtenez une feuille de route détaillée de votre parcours, que vous pourrez imprimer.

TROUVER LES MEILLEURS PRIX

Le Web dispose d'outils parfaitement adaptés pour rechercher, à votre place, les prix les plus avantageux.

La technique consiste à comparer automatiquement les tarifs, et comme vous allez le voir, quelques clics suffisent pour trouver les meilleures affaires.

Il existe de nombreux guides d'achat pour vous assister dans vos recherches. Sélectionnez celui de votre choix et n'hésitez pas à comparer ses résultats avec ceux des concurrents.

INFORMATION : QUELQUES ADRESSES

Voici quelques adresses à tester, mais il en existe encore bien d'autres que vous pourrez dénicher avec n'importe quel moteur de recherche en saisissant, par exemple, les termes `comparer prix` :

- Monsieur Prix : www.monsieurprix.com ;
- Kelkoo : http://fr.kelkoo.com/ ;
- Acheter moins cher : www.acheter-moins-cher.com.

Concrètement, le fonctionnement de tous ces comparateurs de prix est identique.

1- Connectez-vous à un guide d'achat.

2- Inscrivez le nom du produit à acheter dans le formulaire de recherche du guide ou trouvez-le en naviguant dans les catégories de son annuaire.

3- En même temps que votre produit, vous obtenez également une liste de boutiques en ligne susceptibles de vous le vendre. Bien entendu, vous disposez de plusieurs autres informations : prix de vente, frais de port, adresse du site, etc. Difficile de faire mieux pour comparer les vendeurs et acheter au meilleur prix !

TOUS LES PRIX
Comparateur de prix sur Internet
Comparateur de prix
PROMOTIONS
Mon compte
Trouver un produit
MX revolution
CHERCHER
Logitech MX Revolution Cordless Laser Mouse
Logitech Cordless Desktop MX 5500 Revolution
Bienvenue sur le comparateur de prix Tousleprix.com
[Publicité]
Créé en 2001, Tousleprix.com est un des pionniers
les prix de plusieurs millions de produits parmi plusieurs centaines de marchands.
Gagnez un DVD portable Sony DVP-FX875
Donnez votre avis sur les produits ou les boutiques, participez au forum de discussion, et gagnez peut-être au mois d'Août ce superbe Lecteur DVD portable Sony DVP-FX875, et des chèques de 150, 100 et 50 Euro - avec le comparateur de prix Tousleprix.com bien sûr !
Touslesprix.com
Vous propose
Les reportages
Boutiques
Informatique
Son & Image
Electroménager
Jouets
Jeux vidéo
Logiciel
Edito
Bienvenue sur la nouvelle version du comparateur de prix touslesprix.com
Vous allez découvrir sur notre nouveau site :

Logitech MX Revolution Cordless Laser Mouse
57,75 €
COMPARER
Logitech Cordless Desktop MX 5500 Revolution
133,51 €
COMPARER
Souris MX Revolution + Hub 4 ports USB 2.0 + ...
70,46 €
VOIR OFFRE
Souris MX Revolution + Hub 7 ports USB 2.0 + ...
96,47 €
VOIR OFFRE
LGT SOURIS MX REVOLUTION 931689-091
93,98 €
VOIR OFFRE
LOGITECH - Souris MX Revolution (Neuf Market ...
amazon.fr
72,85 €
VOIR OFFRE
PROMO
Dernières recherches

ATTENTION : RÉSULTAT NON EXHAUSTIF

Pour apparaître sur le site d'un comparateur de prix, les boutiques doivent payer une commission en fonction du nombre de visites. Dans ces conditions, il est conseillé de compléter les recherches avec des moteurs de recherche classiques.

ACHETER SUR INTERNET

L'acte d'achat sur le Web se fait sans surprise. Vous consultez un catalogue, et dès qu'un produit vous intéresse, vous le sélectionnez en cochant l'option correspondante.

De cette façon, le serveur conserve en mémoire votre article pendant toute la session de navigation sur le site.

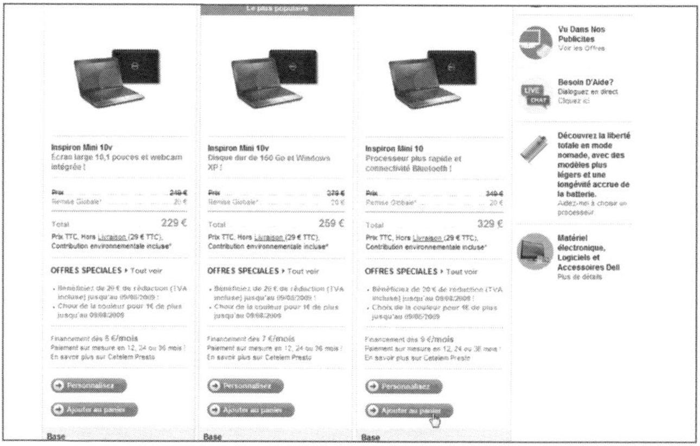

Après avoir choisi vos articles, direction le formulaire de commande. Vous retrouvez sur une page spécifique le détail de votre commande et vous obtenez immédiatement le prix total de votre achat (TTC et HT), auquel le coût d'expédition vient se greffer. Si les conditions de vente et les délais de livraison vous conviennent, vous devez alors indiquer votre nom, votre adresse e-mail (pour la confirmation de la commande et son suivi), vos adresses (de facturation et de livraison si elles sont différentes) et le moyen de paiement : chèque, carte bancaire, à réception de la commande, etc.

Voyons, en pratique, comment tout cela se déroule :

1- Commencez par vous connecter à la boutique qui vous intéresse.

2- Cherchez le produit que vous souhaitez acheter.

3- Lorsque vous l'avez trouvé, affichez la page descriptive de l'article et mettez-le dans votre caddie en cliquant sur le bouton prévu à cet effet.

4- Cliquez ensuite sur le lien *Passer commande* ou un lien équivalent pour passer sans plus attendre à la caisse.

INFORMATION : IDENTIFICATION NÉCESSAIRE
Avant la validation de votre commande, le site vous demandera probablement de créer un compte. De cette façon, vous pourrez indiquer vos nom et adresse, ce qui est indispensable pour la livraison.

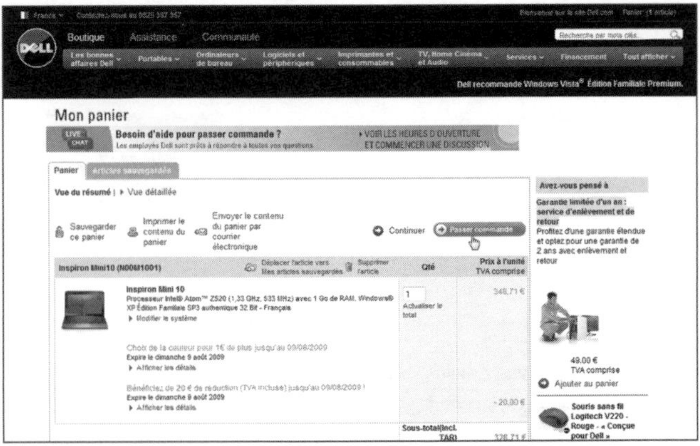

5- La nouvelle page qui s'affiche propose généralement plusieurs moyens de paiement. Pour une livraison rapide, sélectionnez de préférence un paiement par carte bancaire et cliquez sur l'icône qui correspond à votre carte (Visa, MasterCard...).

6- À ce stade, vérifiez que la page qui vient de s'afficher est bien sécurisée (adresse commençant par https://). Inscrivez les informations demandées : numéro de carte bancaire, date d'expiration et les trois derniers chiffres du numéro de contrôle qui se trouve au dos de votre carte.

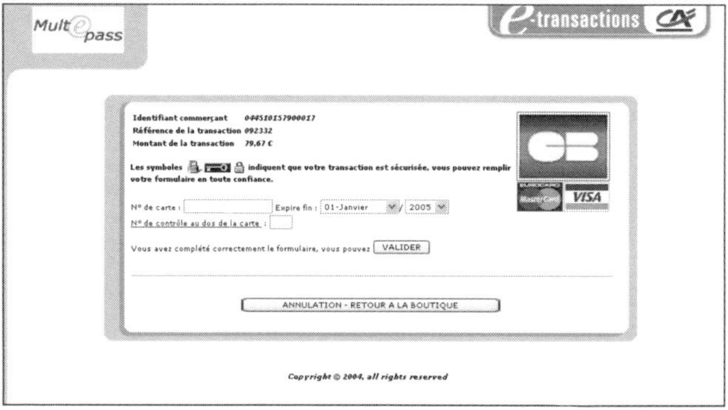

7- Cliquez sur le bouton **Valider** pour effectuer votre paiement, qui deviendra ensuite définitif. Si vous regrettez votre achat à ce stade, rien n'est perdu. Vous avez toujours la possibilité de cliquer sur le bouton **Annulation**. Vous pourrez ainsi revenir sur la page d'accueil de la boutique et ajouter, si vous le souhaitez, un article supplémentaire à votre commande, ou alors abandonner complètement la transaction sans que votre compte bancaire soit débité.

8- Si vous avez validé la commande, vous obtenez une page de confirmation vous indiquant que votre paiement a été accepté. Cliquez sur le bouton ou le lien que l'on vous propose pour retourner sur le site de la boutique.

9- Parfois, selon la boutique que vous avez choisie, un second message de confirmation peut s'afficher pour vous indiquer que votre achat a bien été pris en compte par le service commercial du site marchand. Vous recevrez également un e-mail qui vous spécifiera, entre autres, les délais de traitement de votre commande.

À présent, il ne reste plus qu'à attendre la livraison de vos articles. Mais en cas de pépin, sachez qu'il existe de nombreux moyens de pression pour récupérer votre argent. Plusieurs associations de consommateurs peuvent vous venir en aide. Citons, par exemple, l'Union fédérale des consommateurs – Que Choisir (www.quechoisir.org), Consommation, Logement et Cadre de Vie (CLCV : www.clcv.org), l'Association Léo-Lagrange pour la défense des consommateurs (ALLDC : www.leolagrange-conso.org), etc.

Enfin, rien ne vous empêche de contacter votre antenne départementale de la Direction générale de la concurrence, de la consommation et de la répression des fraudes. Au besoin, vous pourrez récupérer l'adresse de l'antenne régionale qui vous intéresse sur le site de l'Administration centrale : www.finances.gouv.fr/DGCCRF. Espérons toutefois qu'il ne sera pas nécessaire d'en arriver là.

SE DIVERTIR AVEC UN PC

Si l'informatique a été essentiellement conçue au départ pour des tâches professionnelles et scientifiques, son domaine d'application s'est désormais considérablement élargi. L'ordinateur est plus qu'un simple outil informatique, il représente également un environnement de choix pour toutes vos applications multimédias.

CRÉER UNE BIBLIOTHÈQUE MULTIMÉDIA

Pour lancer le lecteur Windows Media, il suffit généralement de double-cliquer directement sur un fichier son ou vidéo. Le lecteur se charge immédiatement et le fichier est instantanément exécuté.

Cela dit, vous pouvez également démarrer le lecteur sans exécuter aucun fichier, en sélectionnant la commande appropriée via le bouton **démarrer** de la barre des tâches de Windows.

1- Sélectionnez **Tous les programmes/Lecteur Windows Media**.

2- La fenêtre du lecteur multimédia s'ouvre. Cliquez sur le bouton **Bibliothèque**.

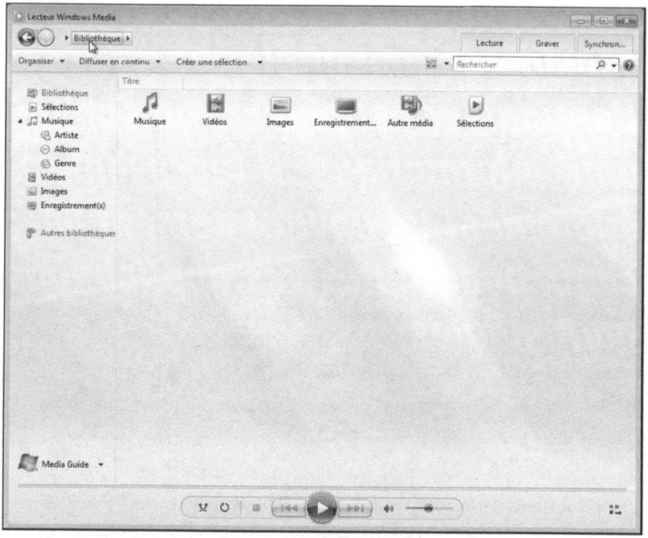

3- En général, lors d'une première utilisation du programme, une recherche automatique des fichiers multimédias stockés dans votre bibliothèque est effectuée. Si vous désactivez cette fonction, sachez que vous pourrez l'exécuter plus tard à n'importe quel moment en sélectionnant la commande **Gérer les bibliothèques/Musique** du menu **Organiser**.

4- Dans la boîte de dialogue qui s'affiche, indiquez l'emplacement de la recherche et les fichiers pour lesquels les informations doivent être mises à jour (vos dossiers personnels ou tous ceux dont le contenu vous est accessible, une permission d'accès vous ayant été attribuée). Cliquez en ce sens sur le bouton **Ajouter** et sélectionnez les dossiers qui vous intéressent.

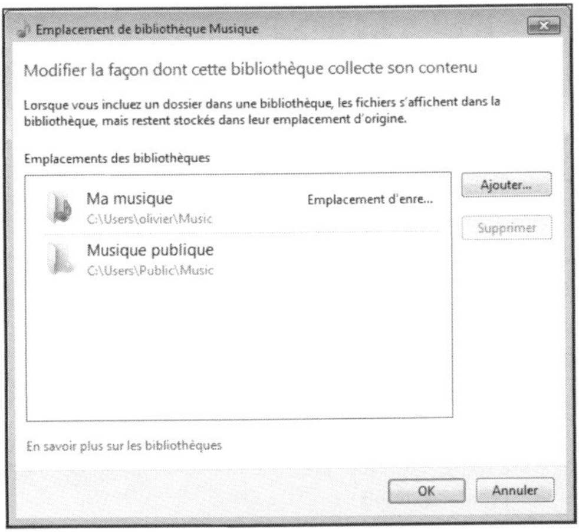

5- Pour retirer un dossier de votre bibliothèque, sélectionnez-le et cliquez sur le bouton **Supprimer**. Les fichiers multimédias sont retirés de la bibliothèque mais ils sont toujours présents sur votre disque dur.

6- Validez par OK pour enregistrer les nouveaux paramètres qui permettront de référencer vos fichiers multimédias dans la bibliothèque.

7- Au terme de cette opération, de retour dans l'interface principale de la bibliothèque, vous disposez, dans le menu de gauche, de différentes rubriques pour classer vos ressources plus efficacement : musique, vidéo, images, etc. Dans le cadre de droite, chaque fichier s'accompagne de différentes informations : titre, auteur, note d'appréciation, chemin d'accès sur le disque dur, etc. Le dernier volet, lui, peut afficher différentes informations selon l'onglet sélectionné : lecture en cours, sélection de fichiers à graver, etc.

Votre bibliothèque multimédia est désormais créée et totalement opérationnelle. Elle propose plusieurs commandes.

– Parmi les fonctions les plus importantes, notez celles qui se trouvent dans la partie inférieure de la fenêtre. Elles correspondent aux boutons de contrôle du lecteur. Vous pouvez ici lancer la lecture de vos fichiers, passer à une autre piste, mettre en pause, régler le volume, etc.

– Dans la partie supérieure de la fenêtre, vous disposez d'une barre d'outils proposant plusieurs autres fonctions :

- **Organiser**. Le premier bouton affiche un menu déroulant proposant plusieurs commandes permettant de personnaliser le fonctionnement de votre bibliothèque.
- **Diffuser en continu**. Affiche un menu déroulant permettant de définir le mode de diffusion de vos fichiers multimédias (en réseau, par Internet...).
- **Créer une sélection**. Permet de créer une liste de lecture pour écouter, copier ou graver vos propres compilations.
- **Affichage**. Affiche le contenu de la bibliothèque multimédia de Windows de différentes façons : mosaïque, icônes, détails, etc.
- **Rechercher**. Une zone de texte et un bouton vous permettent d'effectuer des recherches dans la bibliothèque à partir des mots-clés de votre choix.
- **Aide**. Accès à l'aide en ligne de Windows.

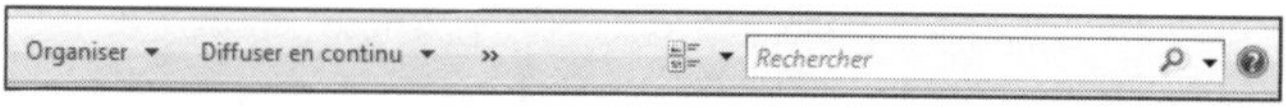

Comme vous pouvez le constater dans le cadre de gauche, tous vos fichiers multimédias ont été classés automatiquement à partir de dossiers prédéfinis.

1- Cliquez par exemple sur la section intitulée *artistes* pour visualiser tous les fichiers disponibles par artiste.

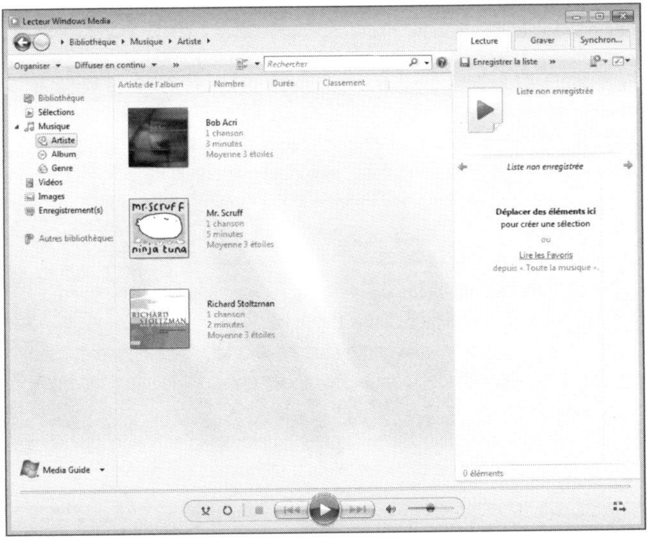

2- Vos fichiers sont classés de différentes façons en fonction des informations disponibles pour chacun d'eux : par album, par genre, par compositeur, etc. Cliquez sur un dossier pour afficher son contenu.

3- Si vous souhaitez déplacer un fichier ou un dossier pour modifier le classement automatique de la bibliothèque de Windows, sélectionnez-le dans le cadre du milieu pour le déposer dans le dossier de votre choix dans le cadre de gauche.

Notez enfin que le lecteur Windows Media propose de nombreuses commandes. Vous pourrez, entre autres, modifier l'affichage et la gestion de vos fichiers multimédias. En fait, toutes ces commandes sont disponibles dans un menu contextuel.

1- À partir de la fenêtre principale de la bibliothèque, cliquez du bouton droit dans la barre d'onglets du programme pour afficher un menu contextuel.

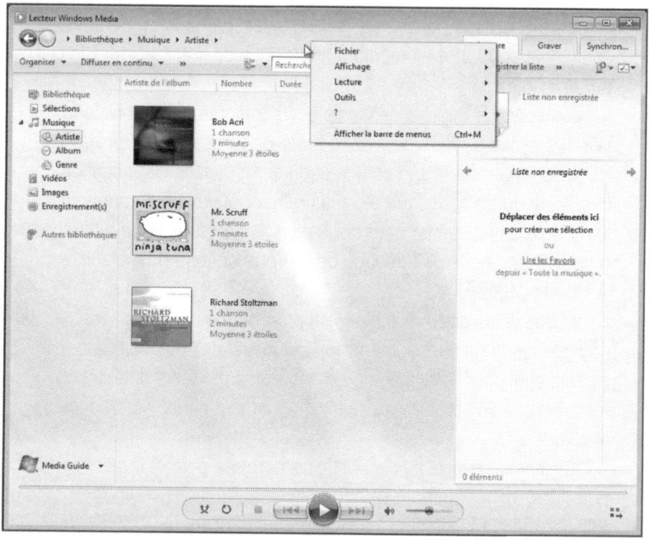

2- Vous disposez ici de cinq menus et d'une commande :

— **Fichier**. Affiche les commandes les plus courantes pour la manipulation et la lecture des fichiers multimédias. Permet également d'exécuter différentes tâches, telles l'extraction audio, la gravure, la synchronisation des données avec un appareil mobile, etc. Vous pouvez également créer et enregistrer des listes de lecture (compilation audio à écouter) ou ajouter de nouveaux fichiers dans la bibliothèque multimédia.

— **Affichage**. Définit l'apparence du lecteur Windows Media et le comportement, à l'écran, de certains de ses éléments (masquer ou afficher la barre d'outils, par exemple). Notez que la commande **Apparence**, disponible dans un sous-menu, permet de basculer dans l'interface de sélection des skins pour appliquer un autre habillage à votre lecteur.

— **Lecture**. Permet d'accéder à tous les contrôles de lecture disponibles (pause, arrêt, avance ou retour rapide, éjection du média en cours...). Vous pouvez également sélectionner ici la source qui contient le support multimédia à lire (l'unité de votre lecteur CD/DVD, par exemple).

— **Outils**. Accès direct à différents outils intégrés dans le lecteur Windows Media. Vous pouvez, à partir des commandes proposées ici, télécharger sur le site de Microsoft de nouvelles visualisations, des skins ou de nouveaux plug-ins. Vous pouvez également afficher le module de recherche pour trouver un fichier dans votre bibliothèque ou ouvrir une boîte de dialogue dédiée aux options du lecteur Windows Media.

— **?**. Affiche les différentes aides du programme avec des liens directs pour récupérer de la documentation sur le site de Microsoft. Vous pouvez également exécuter ici des Assistants qui vous aideront à résoudre certains problèmes de fonctionnement du lecteur Windows Media.

— **Afficher la barre de menus**. Cette commande permet d'afficher la barre des menus dans la fenêtre principale du lecteur Windows Media. Cette barre reprend en fait les cinq menus précédents.

Profiter des services en ligne

Le lecteur Windows Media intègre un navigateur et propose plusieurs services multimédias sur le Web. Pour y accéder, ouvrez une fenêtre de Windows Media.

1- Dans la fenêtre qui s'affiche, cliquez sur le bouton **Media Guide**.

2- Sélectionnez, dans le menu déroulant qui s'affiche, la commande **Media Guide**. Notez que cette commande ne fonctionne que si votre connexion à Internet est active.

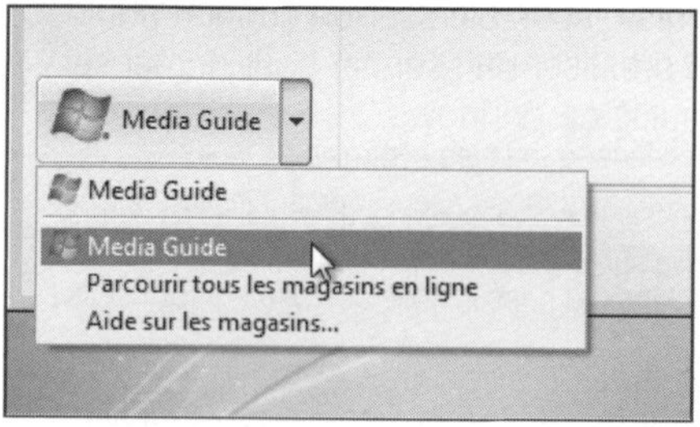

3- Le lecteur charge immédiatement un contenu web, une sélection propre à Microsoft. Vous avez ainsi accès à différentes ressources multimédias directement à partir du lecteur Windows Media sans passer par Internet Explorer : musique, concert, clip vidéo, chaînes radio, etc. Cliquez sur les liens qui vous intéressent pour exécuter immédiatement la source proposée.

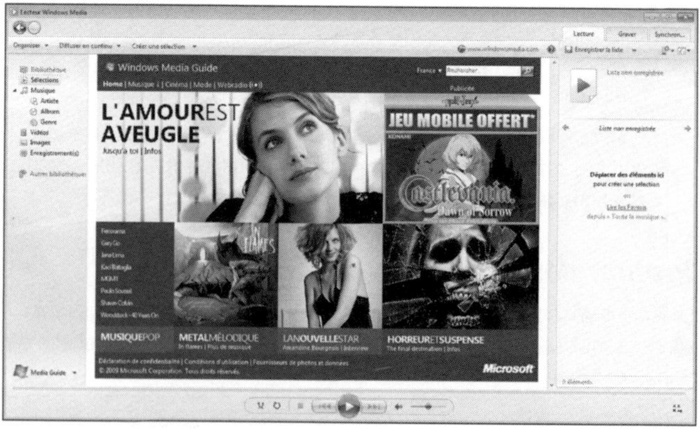

SCANNER DES PHOTOS

Rien ne vous empêche d'exploiter d'anciennes photographies ou d'anciens documents disponibles sur un support papier. La technique consiste à utiliser un scanner pour numériser vos photos avec les outils de Windows.

1- Placez la photo à numériser dans votre scanneur et mettez ce dernier sous tension. Cliquez ensuite sur le bouton **démarrer** de la barre des tâches et, dans le menu déroulant qui s'affiche, cliquez sur **Tous les programmes**.

2- Une liste de tous vos programmes installés sur votre ordinateur s'affiche. Sélectionnez, dans cette liste, **Télécopie et numérisation Windows**. Une nouvelle fenêtre s'affiche immédiatement. Elle correspond à celle du module de télécopie et de numérisation Windows.

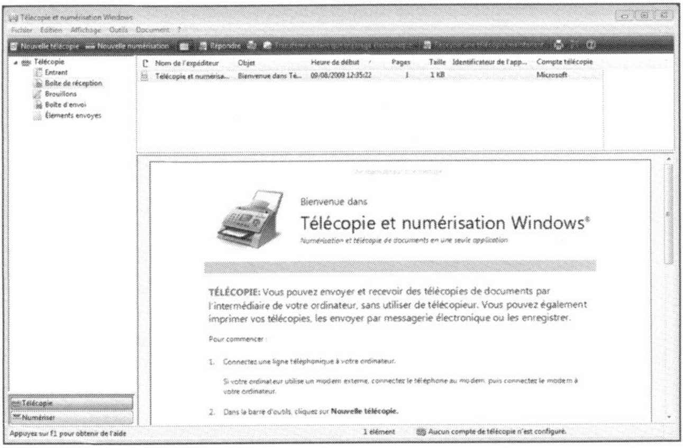

INFORMATION : LA TÉLÉCOPIE

Le module de numérisation de documents permet également, comme son nom l'indique, d'envoyer et de recevoir des télécopies à partir de votre ordinateur.

3- Dans le volet de gauche, cliquez sur le bouton **Numériser** pour accéder aux commandes dédiées à la numérisation. Sélectionnez ensuite la commande **Nouveau/Numériser** du menu **Fichier**.

4- Dans la boîte de dialogue qui s'ouvre, cliquez sur le bouton **Aperçu** pour obtenir une prévisualisation de votre photo. Utilisez les poignées qui l'entourent pour définir plus précisément la zone à numériser.

INFORMATION : DÉFINIR LES PARAMÈTRES DE NUMÉRISATION

Plusieurs options s'offrent à vous pour améliorer le résultat de la numérisation. Vous pouvez, par exemple, opter pour une valeur de résolution spécifique. Sélectionnez une valeur de 150 minimum, ou une plus importante pour obtenir des détails supplémentaires.

5- Après avoir défini tous vos paramètres de numérisation (nom du fichier, emplacement...), démarrez la procédure en cliquant sur le bouton prévu à cet effet. Chaque photo numérisée est sauvegardée sous forme d'image dans le dossier *Documents numérisés* disponible dans votre répertoire *Documents*.

IMPRIMER DES PHOTOS

Pour imprimer rapidement des photos, inutile d'adopter un programme spécialisé. Vous disposez, avec Windows, d'un module spécifique, la Visionneuse de photos Windows, qui intègre des fonctionnalités conçues à cet effet.

1- Cliquez sur le bouton **démarrer** de la barre des tâches de Windows. Dans le menu déroulant qui s'affiche, cliquez sur **Images**.

2- Double-cliquez sur la photo que vous souhaitez imprimer. La fenêtre de la Visionneuse de photos Windows s'ouvre et affiche l'image que vous venez de sélectionner.

INFORMATION : UNE PRISE EN MAIN IMMÉDIATE

La galerie de photos Windows propose une interface identique à celle de la bibliothèque multimédia de Windows. Dans ces conditions, vous retrouverez des commandes identiques que vous pourrez exploiter immédiatement sans aucune difficulté.

3- Pour imprimer votre image, cliquez sur le bouton **Imprimer** dans la barre d'outils et sélectionnez la commande **Imprimer** dans le menu déroulant qui s'affiche.

ASTUCE : IMPORTATION RAPIDE

Vous pouvez importer directement des photos à partir de votre scanneur ou de votre appareil photo en sélectionnant la commande **Importer depuis un appareil photo ou un scanneur** du menu **Fichier**.

4- Spécifiez votre imprimante sur la liste déroulante prévue à cet effet si vous en avez plus d'une reliées à votre ordinateur et définissez les paramètres d'impression. Sélectionnez également une mise en page pour votre feuille à partir des options proposées dans le menu de droite. Cliquez ensuite sur le bouton **Imprimer** pour démarrer l'impression.

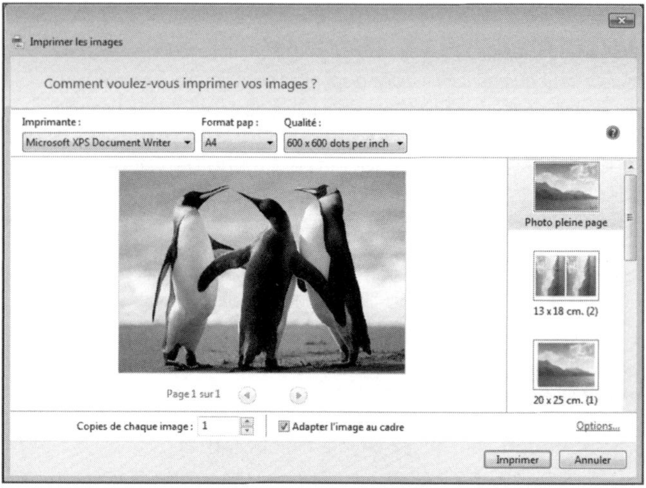

RÉCUPÉRER DE LA PLACE

Si vous stockez tous vos fichiers multimédias sur votre ordinateur, vous aurez vite besoin de place supplémentaire.

1- Ouvrez une fenêtre de l'Explorateur Windows et sélectionnez un disque qui a besoin d'espace supplémentaire. Dans le menu contextuel qui s'affiche, sélectionnez la commande **Propriétés**.

ATTENTION : PERFORMANCES EN BAISSE
Si vous disposez d'une machine qui manque un peu de puissance, un lecteur compressé entraîne nécessairement des temps d'accès plus longs aux fichiers.

2- Une boîte de dialogue s'ouvre. Cliquez sur l'option *Compresser ce lecteur pour augmenter l'espace disponible* sous l'onglet **Général**. Vous obtiendrez ainsi une partition entièrement compressée, ce qui permettra évidemment de stocker plus de fichiers.

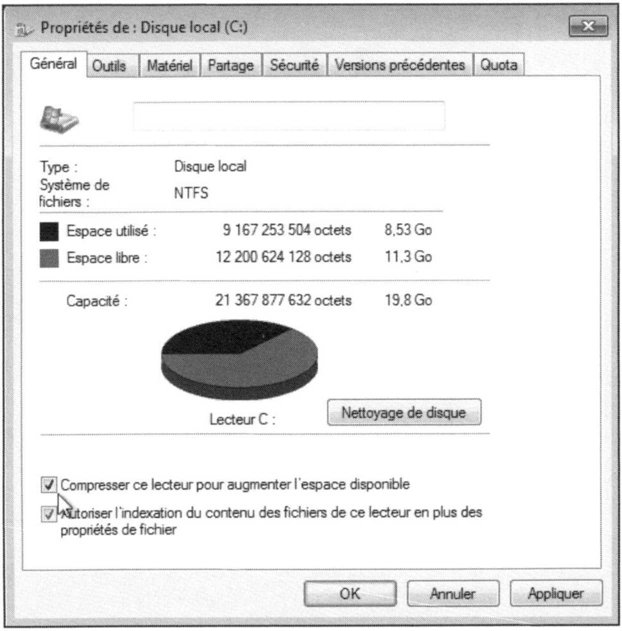

INFORMATION : LES FORMATS DÉJÀ COMPRESSÉS

Selon leur format, vos fichiers audio, vidéo ou image ont déjà été compressés, par exemple les documents au format JPEG. Dans ces conditions, la technique de compression fonctionnera bien pour certains de vos fichiers (au format TIFF non compressé, par exemple), mais pas pour d'autres.

3- Vous pouvez ne compresser que des dossiers, si vous le souhaitez. Cliquez et sélectionnez la commande **Propriétés** dans le menu contextuel.

4- Cliquez ensuite sur le bouton **Avancé** disponible sous l'onglet **Général** de la boîte de dialogue **Propriétés**.

5- Dans la nouvelle boîte de dialogue qui s'affiche, cochez l'option *Compresser le contenu pour libérer de l'espace disque*. Validez ensuite les boîtes de dialogue par OK. Le répertoire sélectionné est désormais compressé.

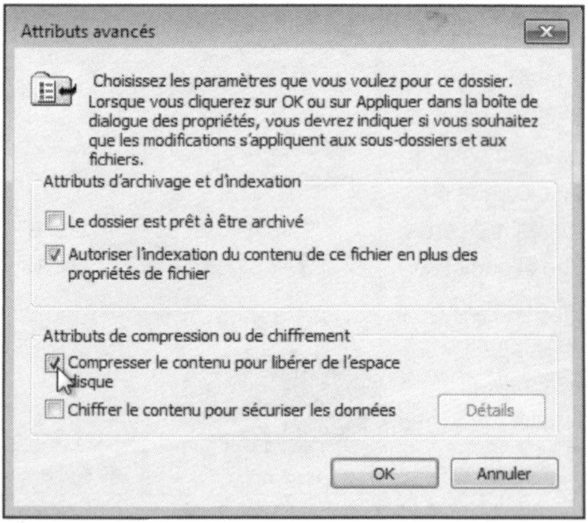

Supprimer des fichiers inutiles

Autre technique pour gagner de la place : la suppression des fichiers inutiles. Elle peut s'exécuter automatiquement avec les outils intégrés de Windows. Il existe effectivement une multitude de fichiers générés automatiquement que vous pouvez supprimer sans aucun risque.

ATTENTION : DES DOSSIERS GOURMANDS

Certains programmes, tel le navigateur Internet Explorer, utilisent un dossier spécifique, appelé cache, dans lequel sont stockés des fichiers temporaires. Avec le temps, il peut prendre une place considérable et il convient de le nettoyer régulièrement.

1- Cliquez sur le bouton **démarrer** de la barre des tâches de Windows. Dans le menu déroulant qui s'affiche, cliquez sur **Ordinateur**. Dans le volet de droite de la fenêtre qui s'ouvre, cliquez sur le lecteur à nettoyer.

2- Sélectionnez la commande **Propriétés** dans le menu contextuel qui s'affiche pour ouvrir la boîte de dialogue du même nom. Sous l'onglet **Général**, cliquez sur le bouton **Nettoyage de disque**.

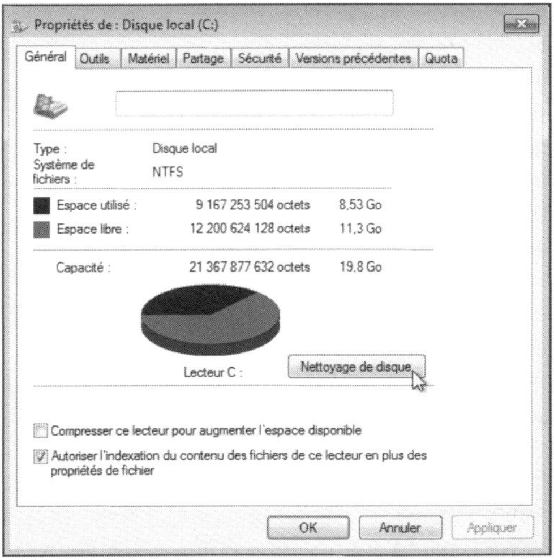

ASTUCE : CHOISIR UN LECTEUR

Nettoyez en priorité le lecteur *C:* pour effacer les nombreux fichiers temporaires générés par le système et les programmes que vous avez installés.

3- Un message s'affiche vous informant de l'inspection du contenu de votre disque. En fait, Windows calcule l'espace que vous pouvez récupérer automatiquement en exécutant son Assistant de nettoyage de disque, et cela peut prendre un certain temps.

4- Au terme de cette opération, une nouvelle boîte de dialogue s'ouvre et vous indique, pour chaque emplacement, le volume de fichiers temporaires que vous pouvez supprimer. Cochez les éléments à supprimer dans la liste *Fichiers à supprimer*, puis validez par OK pour démarrer l'opération.

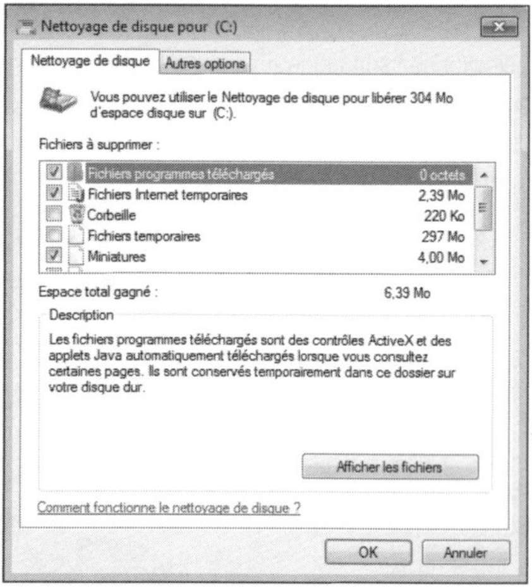

CHANGER DE FORMAT

Dans certaines situations (tirage photo, édition d'image…), il est nécessaire de convertir les fichiers graphiques dans un format spécifique. La procédure ne pose aucune difficulté et vous pouvez la réaliser avec les outils intégrés de votre système.

1- Pour convertir le format d'une image, il est nécessaire de posséder un éditeur graphique. Vous pouvez adopter celui de Windows : Paint.

ASTUCE : ENVOI DE PHOTOS PAR E-MAIL

Il est également utile de modifier le format de vos photos lorsque vous devez les envoyer par e-mail. En choisissant, par exemple, le format JPEG, vous pourrez effectivement réduire la taille des fichiers.

Sélectionnez son icône à partir du bouton **démarrer** de la barre des tâches pour exécuter le programme.

INFORMATION : LES FONCTIONS DE PAINT

Paint correspond à l'éditeur graphique proposé par défaut dans les systèmes Windows. Il permet d'exécuter des commandes basiques d'édition graphique et pourra vous être utile dans plusieurs situations.

2- La fenêtre de Paint s'affiche immédiatement. Sélectionnez la commande **Ouvrir** du menu **Paint** pour afficher dans le programme l'image à convertir. Une fenêtre de l'Explorateur de fichiers vous permettra de la sélectionner.

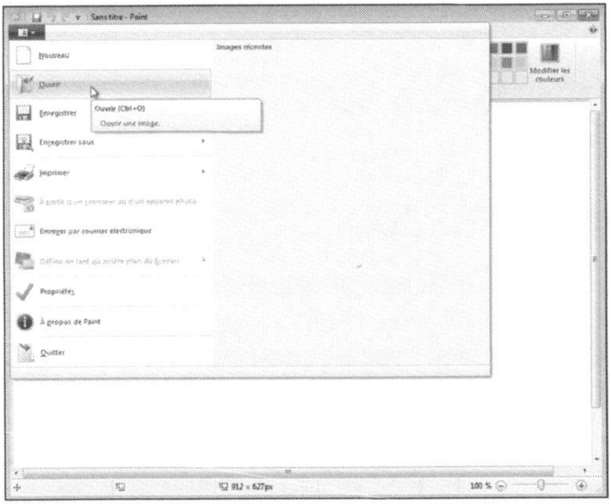

3- Après avoir chargé la photo dans l'interface du programme, sélectionnez la commande **Enregistrer sous** du menu **Paint**. Elle va vous permettre de choisir un format différent pour sauvegarder une seconde version de votre photo.

4- Dans la boîte de dialogue qui s'affiche, sélectionnez, à partir de la liste déroulante *Type*, le format de fichier que vous souhaitez adopter pour effectuer votre tirage. Cliquez ensuite sur le bouton **Enregistrer** pour sauvegarder la photo dans un nouveau format.

ENVOYER DES PHOTOS

Vous n'êtes pas obligé de passer par un logiciel de gestion de photos numériques pour envoyer des images par e-mail. Si vous avez l'habitude de le faire avec le logiciel de messagerie de Windows, vous n'avez aucune raison de changer vos pratiques.

1- Démarrez Windows Mail et cliquez sur le bouton **Créer un message** dans la barre d'outils pour ouvrir la fenêtre d'édition des nouveaux messages.

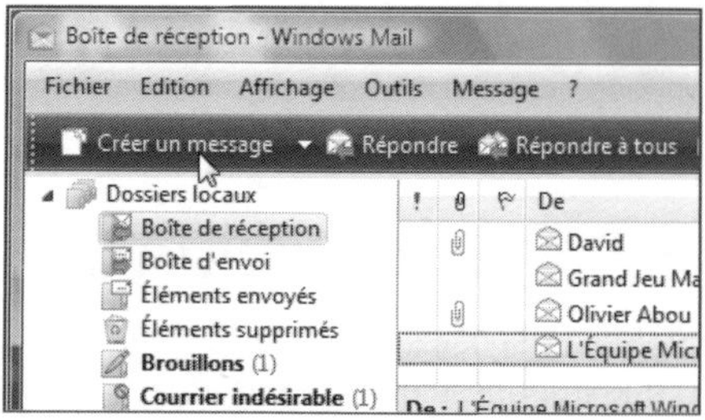

ATTENTION : NE PAS NÉGLIGER LE SUJET DU MESSAGE

Même si cela n'est pas obligatoire, il n'est pas élégant d'envoyer des e-mails dont l'objet est vide. Votre correspondant peut rencontrer des difficultés pour classer votre message sans sujet.

2- Un nouvel espace s'affiche pour la rédaction de vos messages. Par défaut, seuls trois champs d'expédition sont visibles, or il en existe quatre. Pour les afficher tous, sélectionnez la commande **Tous les en-têtes** du menu

Affichage. Le champ *Cc* permet d'envoyer une copie du message à une autre adresse. Le champ *Cci*, lui, exécute la même opération, mais en cachant l'adresse du destinataire.

ASTUCE : CHAMP PRÉ-REMPLI

Par défaut, le champ de l'expéditeur, inclus dans l'en-tête de vos messages, a été automatiquement rempli avec votre adresse e-mail (celle que vous avez indiquée dans les paramètres de Windows Mail).

3- Le champ *À* permet d'indiquer l'adresse de votre correspondant. Pour envoyer votre photo à plusieurs correspondants, inutile de créer autant de nouveaux messages qu'il existe de destinataires. Inscrivez leurs adresses les unes à la suite des autres en les séparant par une virgule.

4- Pour joindre votre photo au message, cliquez sur le bouton **Insérer un fichier au message** dans la barre d'outils. Ensuite, sélectionnez le document dans l'Explorateur de fichiers qui s'affiche. Il ne reste plus qu'à envoyer votre message comme d'habitude, en cliquant sur le bouton **Envoyer**.

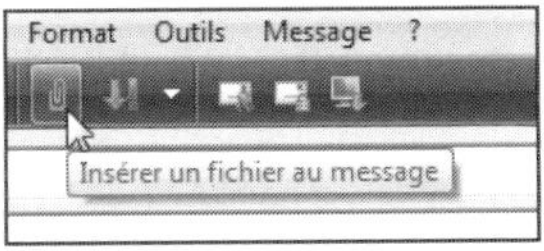

RECEVOIR DES PHOTOS

Si vous disposez d'un équipement conséquent, notamment d'une imprimante, il est probable que vos amis vous envoient des photos à imprimer.

Dans ce cas, la technique la plus simple consiste à les transférer par e-mail. Et pour les récupérer, c'est très simple !

ATTENTION : LIMITES IMPOSÉES PAR LES FAI

Selon votre fournisseur d'accès, certaines limites peuvent exister. Par exemple, il ne sera peut-être pas possible de recevoir et envoyer des photos qui pèsent plus de 5 Mo ou 10 Mo.

1- Démarrez Windows Mail et cliquez, dans la barre d'outils, sur le bouton **Envoyer/Recevoir**. Cette fonction a la particularité d'envoyer d'abord les messages qui sont dans la file d'attente et, dans un second temps, de retirer votre courrier à partir du serveur POP3 ou IMAP dont vous avez spécifié l'adresse dans les paramètres de configuration de Windows Mail.

2- Pour éviter de déclencher la double procédure précédente, cliquez sur la flèche du bouton **Envoyer/Recevoir** pour sélectionner ensuite une des commandes proposées. La commande **Recevoir tout** permet de télécharger tout votre courrier à partir de votre serveur de messagerie tandis que la commande **Envoyer tout** permet de transmettre vos messages en attente.

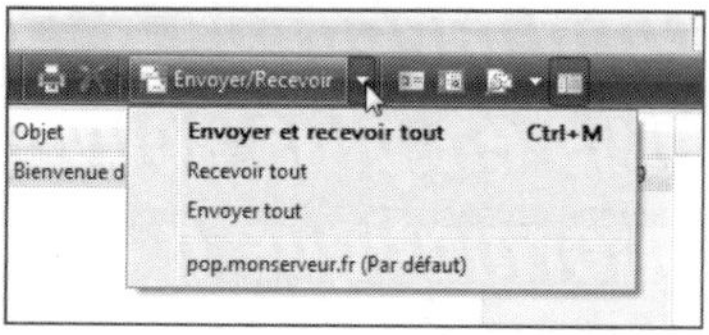

INFORMATION : RÉCEPTION LONGUE ?
Si vous mettez plus de temps que d'habitude à récupérer le message qui contient la photo, cela est tout à fait normal. Plus la taille d'un fichier est importante, plus son acheminement est lent. Et dans le cas des images, la taille des fichiers est en général, assez importante.

3- Une fois téléchargés, tous les nouveaux messages figurent dans le dossier *Boîte de réception*. Le cadre supérieur affiche le nom de l'expéditeur, son sujet et la date de réception. Le message accompagné de l'icône en forme de trombone correspond à celui qui contient un fichier attaché, en l'occurrence la photo que vous attendez. Cliquez sur l'intitulé de ce message.

4- Dans le cadre inférieur de la fenêtre de Windows Mail, cliquez sur l'icône en forme de trombone. Un menu déroulant fournit l'intitulé du fichier et sa taille. Sélectionnez la commande **Enregistrer les pièces jointes** pour sauvegarder la photo dans un dossier de votre choix sur votre ordinateur. Cette commande est également disponible dans le menu **Fichier**.

TRAVAILLER AU QUOTIDIEN

On a tendance à l'oublier de plus en plus souvent, l'outil informatique a été conçu au départ pour le monde du travail, et non pour le loisir. Voyons alors les tâches basiques que vous pouvez accomplir avec votre ordinateur.

ÉCRIRE UNE LETTRE

Rédiger sa première lettre avec un traitement de texte ne pose aucune difficulté à condition de respecter certaines règles fort simples.

Vous devez disposer les différents éléments du document de manière précise. De cette façon, vous obtiendrez une lettre présentée correctement. Pour illustrer cette tâche, nous avons adopté le traitement de texte Microsoft Word. Toutefois, les techniques expliquées ici peuvent s'appliquer à n'importe quel autre traitement de texte du marché.

1- Démarrez votre traitement de texte.

2- La fenêtre principale du programme s'ouvre en affichant un nouveau document.

3- Inscrivez votre nom et appuyez sur la touche [Entrée] pour passer à la ligne.

4- Saisissez ensuite votre adresse sur deux lignes.

5- Cliquez à la fin de la première ligne où se trouve votre nom.

6- Appuyez plusieurs fois sur la touche d'insertion des tabulations, pour déplacer le curseur à droite de la page.

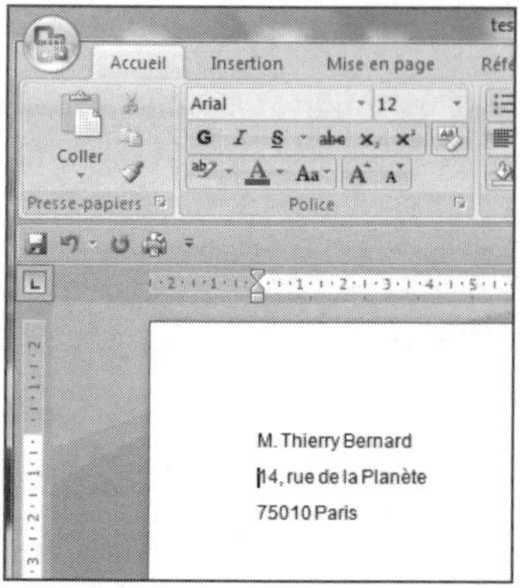

ASTUCE : INFORMATION DISPONIBLE
Tout en haut, dans la bande bleue supérieure de la fenêtre du programme, s'inscrivent le nom du logiciel et le titre de votre document.

7- Inscrivez le lieu et la date de rédaction de la lettre. Pour faciliter le positionnement du curseur, vous pouvez cliquer sur le bouton **Afficher tout** disponible sous l'onglet **Accueil** . Les caractères non imprimables (tabulation, retour à la ligne…) apparaîtront ainsi sur la page.

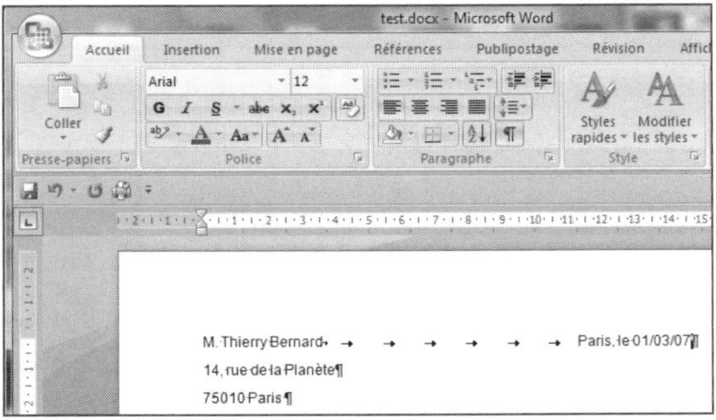

INFORMATION : L'AFFICHAGE DU DOCUMENT

Par défaut, le mode Page est activé. Il permet de visualiser toutes les marges du document. Vous disposez ainsi en temps réel d'un aperçu global de votre mise en page. Cela dit, rien ne vous interdit de basculer dans un autre mode de votre choix avec les commandes de l'onglet **Affichage**.

8- Cliquez à présent sur la fin de la dernière ligne de la page.

9- Appuyez plusieurs fois sur la touche Entrée.

10- Saisissez la formule d'appel, par exemple *Monsieur,* suivie d'une virgule. Notez que dans cette partie de la lettre, chaque paragraphe ne contient qu'une seule ligne. Il existe en outre des paragraphes vides, créés avec la touche Entrée entre l'adresse et la civilité.

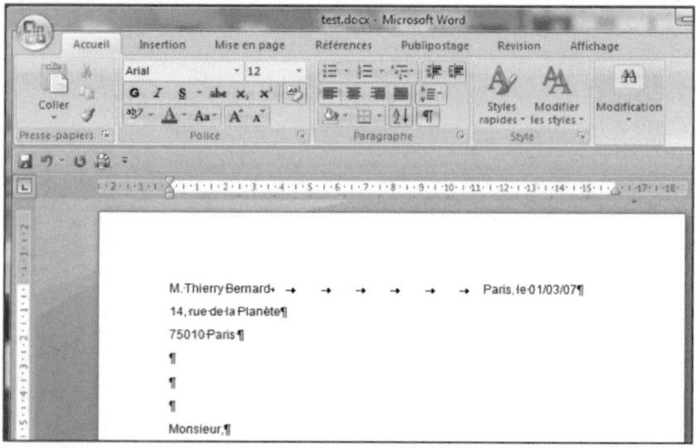

11- Appuyez plusieurs fois sur la touche [Entrée] après la civilité pour saisir la suite. Dans notre exemple, nous avons rédigé deux paragraphes, il n'est pas nécessaire d'appuyer sur la touche [Entrée] pour passer à la ligne. Saisissez votre texte jusqu'à la fin du paragraphe puis appuyez sur la touche [Entrée] pour passer au suivant. N'oubliez pas, à la fin du document, la formule de politesse et votre nom.

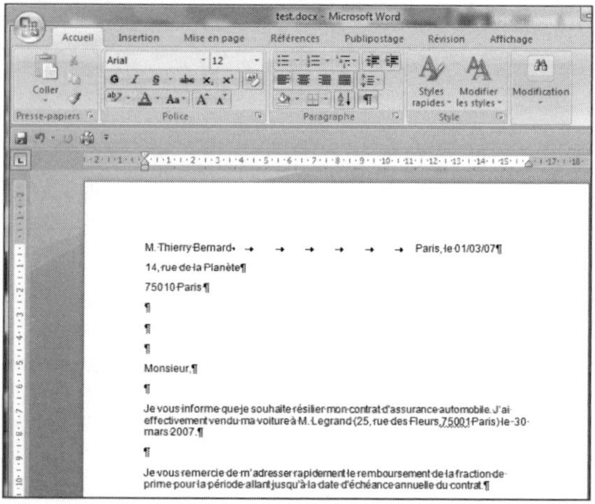

MODIFIER UN DOCUMENT

Vous pouvez modifier un document de différentes manières : en supprimant des termes, en effectuant des corrections, en créant une mise en forme différente.

Toutefois, il existe une étape incontournable avant d'effectuer n'importe quel changement : la sélection des éléments à modifier.

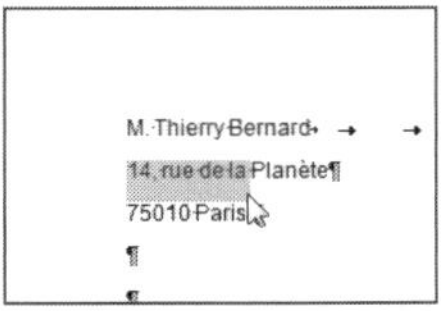

1- Démarrez votre traitement de texte et ouvrez un document existant que vous souhaitez modifier. La technique de base pour sélectionner précisément du texte dans une page requiert l'usage de la souris. Cliquez juste devant le texte à sélectionner et, sans relâcher le bouton de la souris, glissez sur les caractères de manière à les surligner. Relâchez ensuite le bouton de la souris.

ASTUCE : CONFORT D'UTILISATION
La plupart des souris récentes peuvent fonctionner sans difficulté en étant posées directement sur la table de bureau. Toutefois, l'achat d'un tapis de bonne qualité offre un confort non négligeable.

2- Pour sélectionner un élément particulier, il existe une méthode plus rapide. Par exemple, pour sélectionner un mot, double-cliquez tout simplement dessus. Pour sélectionner une ligne, cliquez dans la marge au niveau de la ligne. Notez que, lorsque le pointeur se trouve dans la marge, il prend la forme d'une flèche.

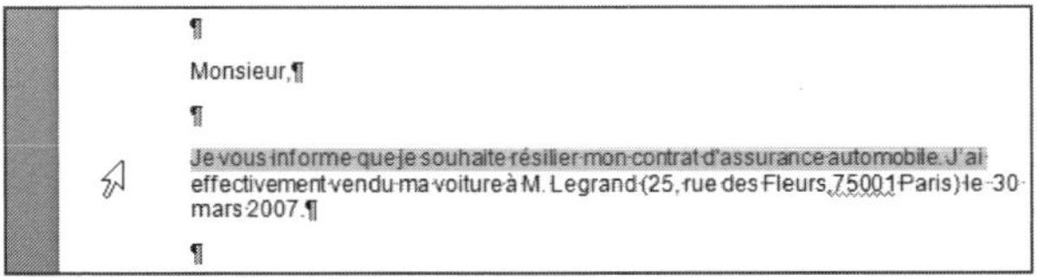

INFORMATION : SÉLECTIONNER PLUSIEURS PAGES DE TEXTE

Pour sélectionner des informations saisies sur plusieurs pages, cliquez au début du texte qui vous intéresse. Affichez ensuite la fin du texte en utilisant la souris ou la barre de défilement. Tout en maintenant la touche [Maj] enfoncée, cliquez juste après le dernier caractère du bloc à sélectionner.

3- Pour sélectionner un paragraphe entier de plusieurs lignes, double-cliquez dans la marge, juste devant ce paragraphe. Vous pouvez également effectuer un triple clic en positionnant le curseur en forme de flèche à l'intérieur du paragraphe, et non plus dans la marge.

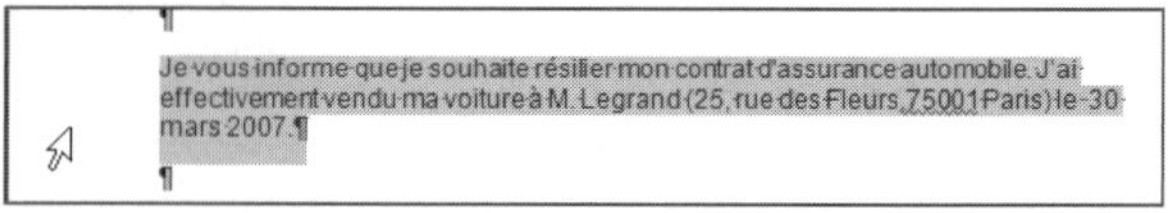

4- Pour sélectionner juste une phrase, appuyez sur la touche [Ctrl] et cliquez simultanément sur la phrase. Pour sélectionner tout un document, appuyez sur la touche [Ctrl] et cliquez simultanément dans la marge. Notez qu'un triple clic dans la marge produit le même effet. Vous pouvez aussi appuyer simultanément sur les touches [Ctrl]+[A].

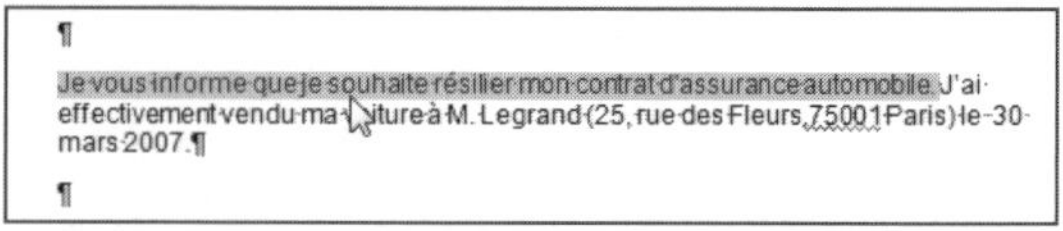

ENREGISTRER UN DOCUMENT

Concevoir un document avec un traitement de texte, ou n'importe quel autre type de programme, c'est bien, à condition de savoir le sauvegarder.

Sans cette opération, il vous est effectivement impossible de conserver votre travail. Il existe en outre plusieurs formats d'enregistrement pour transmettre vos documents à d'autres utilisateurs.

1- Lorsque vous venez de terminer la rédaction d'un document, il convient de l'enregistrer pour l'exploiter plus tard ou le transmettre à un correspondant par courrier électronique, par exemple. Cliquez sur le bouton **Office**, ou sur le menu **Fichier** selon votre programme, et sélectionnez la commande **Enregistrer**.

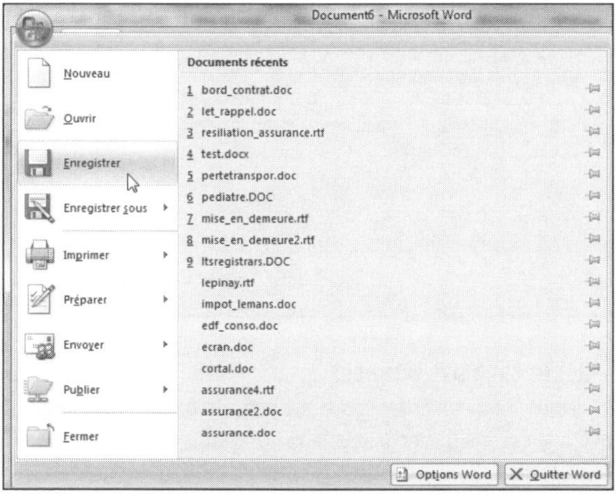

ASTUCE : DOCUMENT COMPATIBLE

Lorsque vous devez transmettre un document de traitement de texte à une personne qui ne possède pas le même programme que le vôtre, optez pour le format RTF au moment de l'enregistrement du fichier.

2- Lors d'un tout premier enregistrement, la boîte de dialogue **Enregistrer sous** s'ouvre. Sélectionnez l'emplacement où vous souhaitez sauvegarder votre document. Inscrivez ensuite le nom de votre fichier dans la zone de texte *Nom de fichier*. Cliquez enfin sur le bouton **Enregistrer**. Votre document vient d'être sauvegardé.

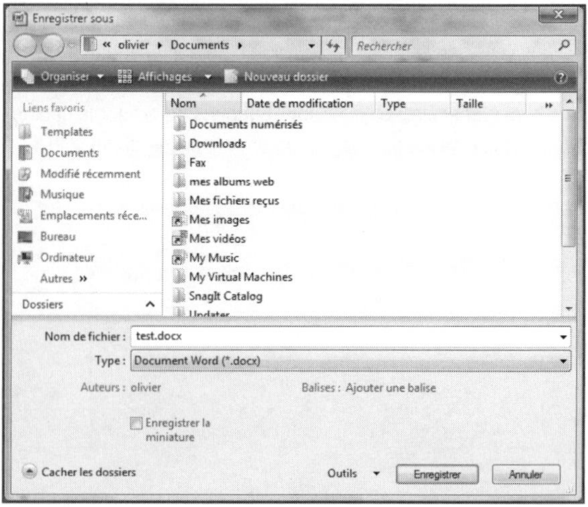

ASTUCE : RÉCUPÉRER DES DONNÉES

Récupérer des données supprimées sur une page, avant la fermeture du document enregistré, ne pose aucune difficulté. Vous avez toujours la possibilité de rétablir votre saisie avec la commande **Annuler** disponible généralement dans la barre d'outils ou via la combinaison de touches [Ctrl]+[Z].

3- Le format d'enregistrement proposé par défaut correspond à celui de votre programme, en l'occurrence, dans notre exemple, Microsoft Word 2007. Si vous devez transmettre votre document à un utilisateur qui n'a pas installé ce traitement de texte, il convient d'opter pour un autre format d'enregistrement. Sinon, il ne pourra pas ouvrir votre document. Cliquez alors sur le bouton **Office** et sélectionnez la commande **Enregistrer sous**.

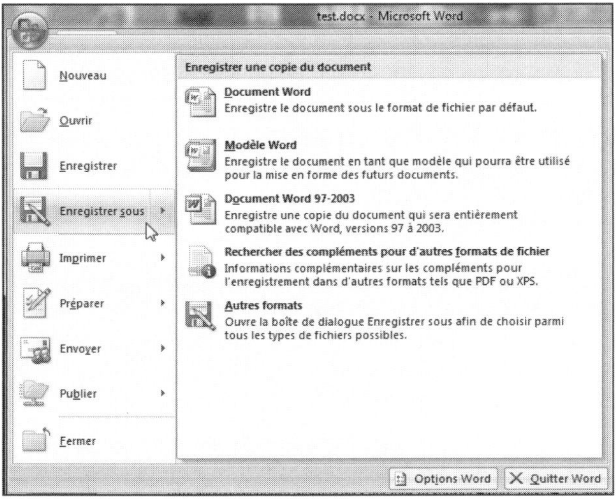

4- Si votre correspondant dispose d'une version plus ancienne de Word, sélectionnez la commande **Document Word 97-2003**. S'il ne dispose pas de Word, sélectionnez la commande **Autres formats**. Vous retrouvez la boîte de dialogue **Enregistrer sous**. Sélectionnez, dans la liste déroulante *Type,* un format compatible avec le traitement de texte de votre contact.

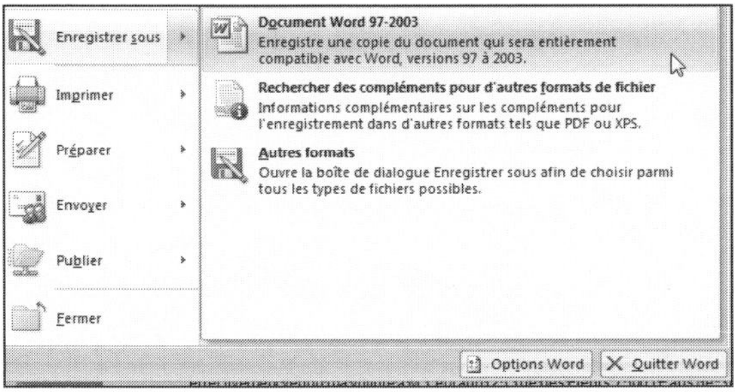

DÉFINIR UNE IMPRIMANTE PAR DÉFAUT

Il est bien rare de trouver un ordinateur qui n'est pas relié à une imprimante. Cela dit, vous disposez de plusieurs autres moyens pour transmettre vos documents : fax, etc. Selon vos besoins, vous pourrez même définir par défaut la solution qui vous convient le mieux.

1- Lorsque vous sélectionnez la commande **Impression rapide**, vous lancez une impression sur le périphérique défini par défaut. Si vous choisissez, à partir du même menu, la commande **Imprimer**, le périphérique d'impression par défaut est automatiquement sélectionné. Dans ces conditions, il est intéressant de définir le dispositif d'impression à utiliser par défaut.

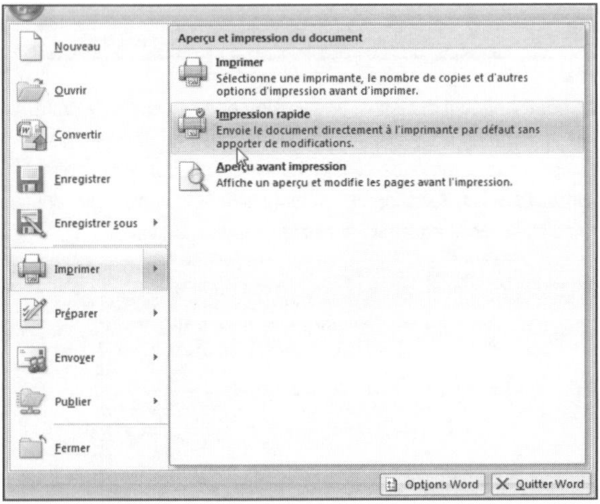

INFORMATION : CHOIX DE L'IMPRIMANTE
En général, votre imprimante locale est définie par défaut pour tous vos travaux d'impression. Rien ne vous interdit cependant d'en choisir une autre (une imprimante réseau, par exemple).

2- Ouvrez le Panneau de configuration. Il propose plusieurs sections permettant de personnaliser votre environnement de travail. Cliquez sur le lien *Afficher les périphériques et imprimantes* qui se situe sous la section intitulée *Matériel et audio*. De cette façon, vous accédez à tous les périphériques d'impression disponibles sur votre ordinateur.

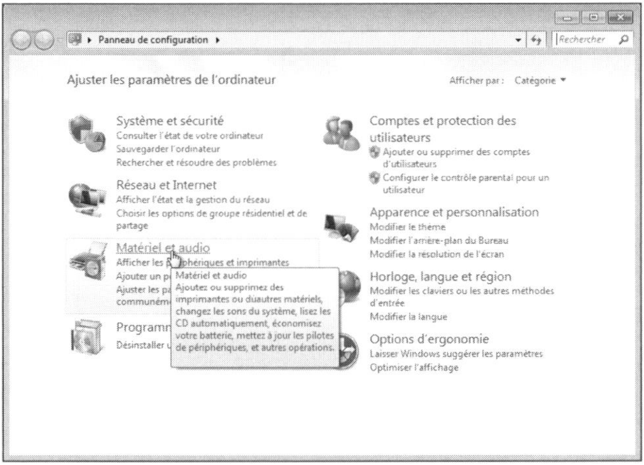

INFORMATION : CHOIX DU PÉRIPHÉRIQUE PAR DÉFAUT

Vous êtes libre de sélectionner un périphérique différent de l'imprimante pour l'utiliser par défaut pendant vos travaux d'impression. Vous pouvez, par exemple, opter pour un modem fax si vous envoyez beaucoup de télécopies à partir de vos programmes.

3- Une nouvelle fenêtre s'ouvre. Elle contient tous les dispositifs d'impression vers lesquels vous pouvez envoyer vos documents. L'icône de votre imprimante doit être présente. Vous pouvez également disposer d'une icône spécifique pour votre fax. Notez que la petite coche verte indique que le dispositif correspondant est utilisé par défaut.

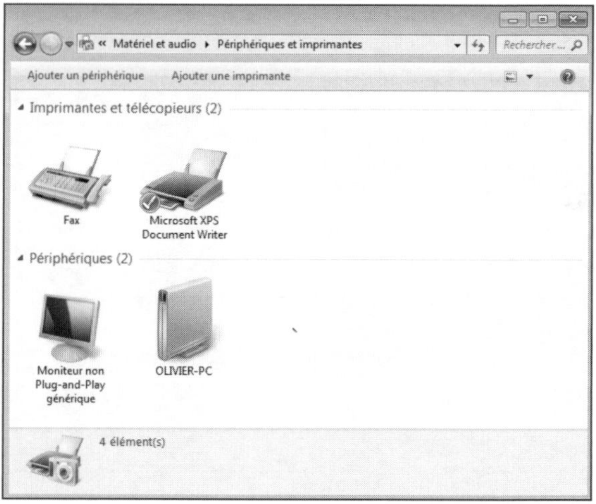

4- Pour utiliser un périphérique d'impression par défaut, cliquez du bouton droit sur son icône. Sélectionnez ensuite la commande **Définir comme imprimante par défaut** dans le menu contextuel qui s'affiche.

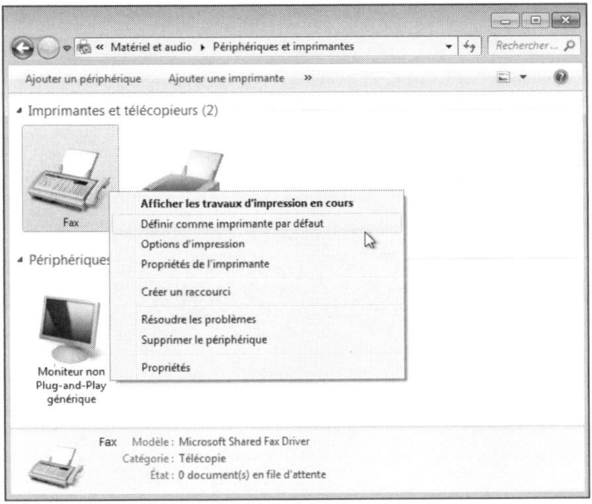

CRÉER UNE PAGE WEB

L'enregistrement au format HTML d'une page permet de l'afficher sur un site web, directement à partir de la fenêtre de n'importe quel navigateur Internet, Firefox ou Internet Explorer par exemple.

Ce format s'avère ainsi très utile pour transmettre un document à un utilisateur qui ne peut pas lire ce que vous lui transmettez.

1- Démarrez votre programme et ouvrez le document que vous souhaitez enregistrer au format web. Dans notre exemple, nous avons adopté le traitement de texte Microsoft Word. Cliquez sur le bouton **Office**, ou sur le menu **Fichier** selon l'application choisie, et sélectionnez la commande **Enregistrer sous**. Dans le sous-menu qui s'affiche, sélectionnez la commande **Autres formats**.

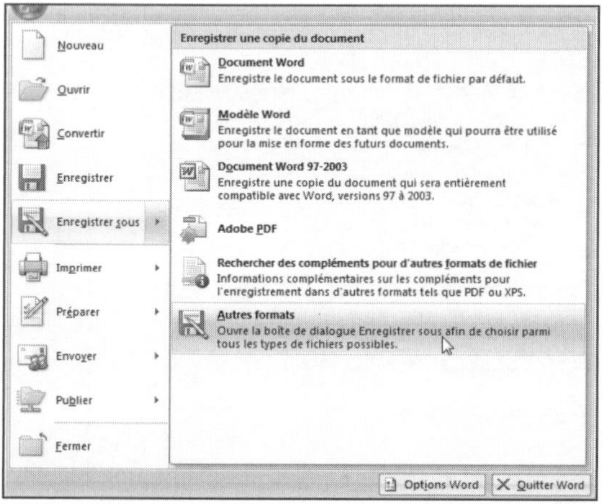

INFORMATION : AFFICHAGE DE LA PAGE

Vous n'êtes pas obligé de mettre en ligne sur un serveur votre page au format web pour visualiser son contenu, vous pouvez le faire en l'ouvrant directement avec votre navigateur depuis votre disque.

2- Dans la boîte de dialogue qui s'affiche, vous pouvez inscrire le nom de votre document web dans la zone de texte *Nom de fichier*. Vous pouvez également spécifier son emplacement en sélectionnant un dossier de votre choix.

ATTENTION : LIMITATION DU FORMAT HTML

Quelques options de mise en forme, telles que les textes en italique dans les tableaux, ainsi que certains éléments graphiques ou effets textuels, ne sont pas conservées lors de l'enregistrement du document au format HTML.

3- Cliquez sur la liste déroulante *Type de fichier* pour afficher différents formats d'enregistrement. Sélectionnez l'option *Page Web (*.htm; *.html)* et cliquez ensuite sur le bouton **Changer de titre**.

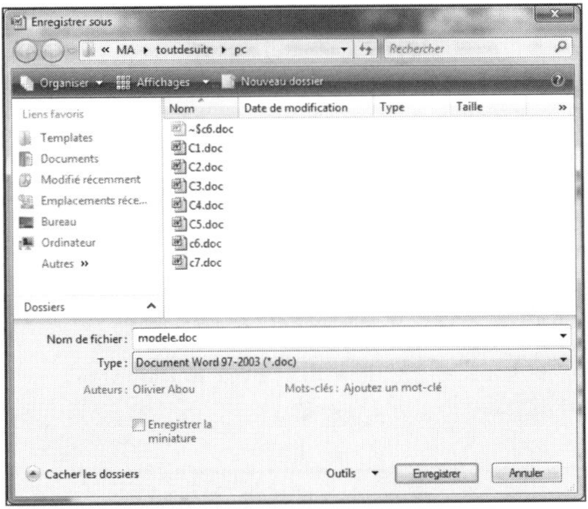
Enregistrer sous
« MA ▸ toutdesuite ▸ pc
Rechercher
Organiser
Affichages
Nouveau dossier
Liens favoris
Templates
Documents
Modifié récemment
Emplacements réce...
Bureau
Ordinateur
Autres »
Dossiers
Nom
Date de modification
Type
Taille
~$c6.doc
C1.doc
C2.doc
C3.doc
C4.doc
C5.doc
c6.doc
c7.doc
Nom de fichier : modele.doc
Type : Document Word 97-2003 (*.doc)
Auteurs : Olivier Abou
Mots-clés : Ajoutez un mot-clé
Enregistrer la miniature
Cacher les dossiers
Outils
Enregistrer
Annuler

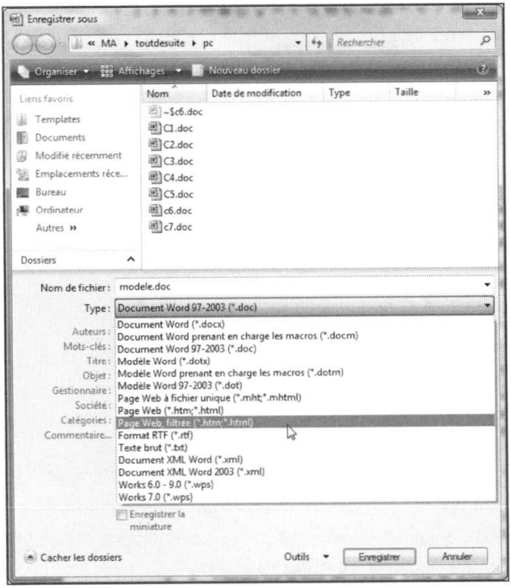
Enregistrer sous
« MA ▸ toutdesuite ▸ pc
Rechercher
Organiser
Affichages
Nouveau dossier
Liens favoris
Templates
Documents
Modifié récemment
Emplacements réce...
Bureau
Ordinateur
Autres »
Dossiers
Nom
Date de modification
Type
Taille
~$c6.doc
C1.doc
C2.doc
C3.doc
C4.doc
C5.doc
c6.doc
c7.doc
Nom de fichier : modele.doc
Type : Document Word 97-2003 (*.doc)
Auteurs :
Mots-clés :
Titre :
Objet :
Gestionnaire :
Société :
Catégories :
Commentaire...
Document Word (*.docx)
Document Word prenant en charge les macros (*.docm)
Document Word 97-2003 (*.doc)
Modèle Word (*.dotx)
Modèle Word prenant en charge les macros (*.dotm)
Modèle Word 97-2003 (*.dot)
Page Web à fichier unique (*.mht;*.mhtml)
Page Web (*.htm;*.html)
Page Web, filtrée (*.htm;*.html)
Format RTF (*.rtf)
Texte brut (*.txt)
Document XML Word (*.xml)
Document XML Word 2003 (*.xml)
Works 6.0 - 9.0 (*.wps)
Works 7.0 (*.wps)
Enregistrer la miniature
Cacher les dossiers
Outils
Enregistrer
Annuler

4- Dans la boîte de dialogue qui s'affiche, inscrivez le titre de votre page tel qu'il s'affichera dans la barre de titre des navigateurs. Validez par OK.

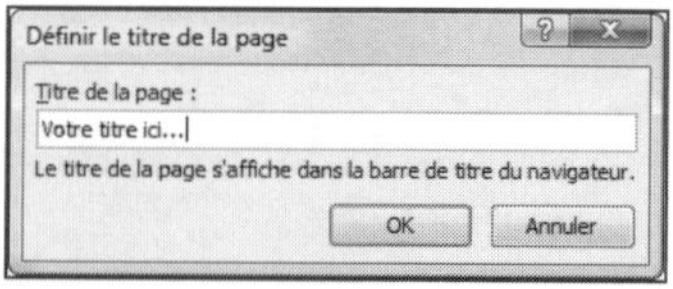

5- Cliquez enfin sur le bouton **Enregistrer** pour enregistrer votre document au format web.

METTRE EN PAGE UN DOCUMENT

Avant d'imprimer un document, vous devez le mettre en page. Chaque application dispose de commandes conçues à cet effet.

Dans notre exemple, avec le traitement de texte Microsoft Word, tous les paramètres de mise en page des documents sont disponibles sous l'onglet **Mise en page**. Vous disposez en outre d'une boîte de dialogue qui regroupe la plupart des options dédiées à la mise en page.

1- Démarrez Microsoft Word et ouvrez un nouveau document. Pour accéder aux commandes de mise en page du programme, cliquez sur l'onglet **Mise en page** disponible dans le Ruban de Word.

ATTENTION : MARGES PAR DÉFAUT
Compte tenu de la conception de la plupart des imprimantes du marché, vous aurez toujours des marges sur votre papier, même si vous les avez paramétrées à 0.

2- Sélectionnez, sous la section *Mise en page*, le bouton **Taille** pour afficher un menu déroulant qui propose plusieurs dimensions de papier. Vous pouvez ainsi imprimer votre document sur différents formats : A4, petite ou grande enveloppe, lettre US, etc. Si aucune taille ne vous convient, sélectionnez alors la commande **Autres tailles de papier**.

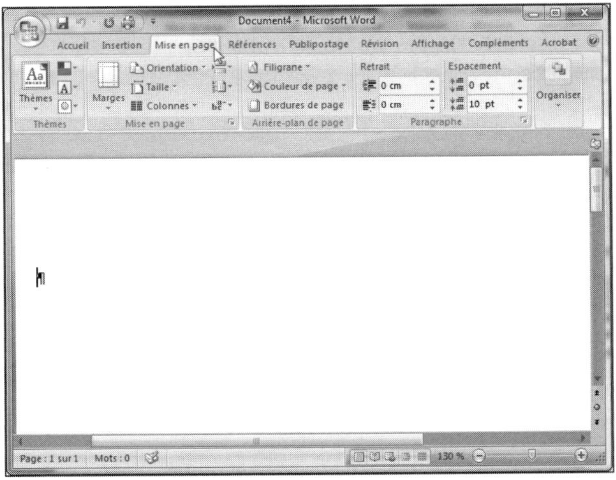
Document4 - Microsoft Word
Accueil
Insertion
Mise en page
Références
Publipostage
Révision
Affichage
Compléments
Acrobat
Thèmes
Marges
Orientation
Taille
Colonnes
Filigrane
Couleur de page
Bordures de page
Retrait
0 cm
0 cm
Espacement
0 pt
10 pt
Organiser
Thèmes
Mise en page
Arrière-plan de page
Paragraphe
Page : 1 sur 1
Mots : 0
130 %

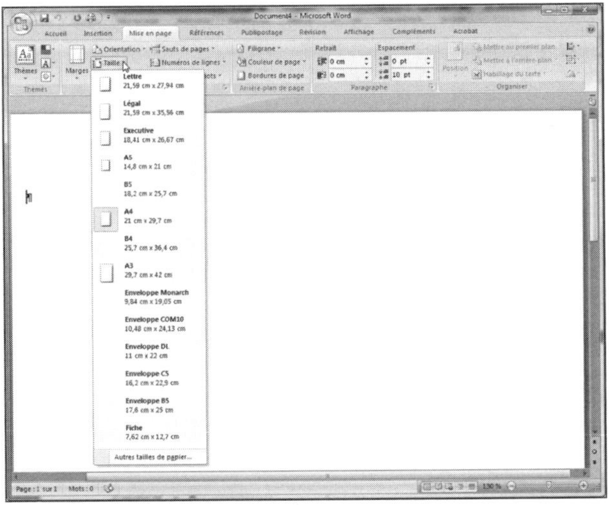
Document4 - Microsoft Word
Accueil
Insertion
Mise en page
Références
Publipostage
Révision
Affichage
Compléments
Acrobat
Orientation
Sauts de pages
Taille
Numéros de lignes
Filigrane
Couleur de page
Bordures de page
Retrait
Espacement
Position
Thèmes
Marges
Lettre
21,59 cm x 27,94 cm
Légal
21,59 cm x 35,56 cm
Executive
18,41 cm x 26,67 cm
A5
14,8 cm x 21 cm
B5
18,2 cm x 25,7 cm
A4
21 cm x 29,7 cm
B4
25,7 cm x 36,4 cm
A3
29,7 cm x 42 cm
Enveloppe Monarch
9,84 cm x 19,05 cm
Enveloppe COM10
10,48 cm x 24,13 cm
Enveloppe DL
11 cm x 22 cm
Enveloppe C5
16,2 cm x 22,9 cm
Enveloppe B5
17,6 cm x 25 cm
Fiche
7,62 cm x 12,7 cm
Autres tailles de papier...

3- L'onglet **Marges** permet de spécifier les paramètres concernant l'emplacement de toutes vos marges (gauche, droite, haut, bas). Vous pouvez également indiquer la position de la reliure.

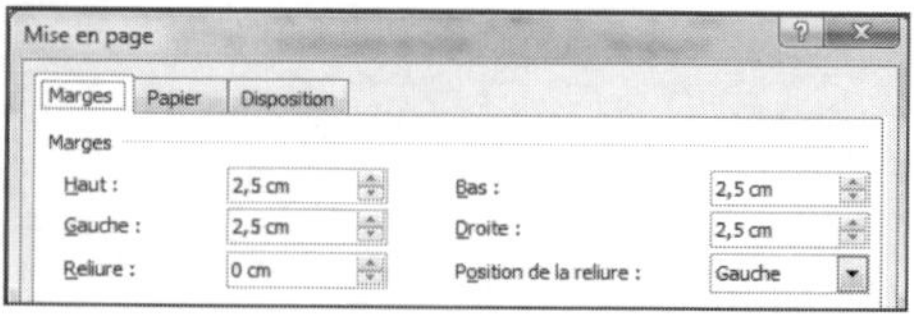

4- Sous la section *Orientation*, indiquez l'orientation (Paysage ou Portrait) de la page. Cliquez en ce sens sur une des deux options proposées. L'option *Portrait* est sélectionnée par défaut.

INFORMATION : DÉFINIR LA PRÉSENTATION DE VOTRE DOCUMENT

La mise en page détermine la présentation générale du document. Vous pouvez notamment changer l'orientation du papier ou modifier les marges. Tout ce que vous effectuez au niveau de la mise en page est reproduit par défaut sur l'ensemble des pages du document.

5- Cliquez maintenant sur l'onglet **Disposition** de la boîte de dialogue **Mise en page**. Vous disposez de plusieurs sections pour, entre autres, gérer les en-têtes et les pieds de page ou définir l'alignement du contenu dans vos pages. D'autres options sont encore disponibles. Cliquez, par exemple, sur le bouton **Numérotation des lignes**.

ASTUCE : DIMENSION STANDARD

Par défaut, les marges d'un document de traitement de texte sont de 2,5 cm. Vous pouvez les afficher directement sur la page en basculant l'affichage en mode Page.

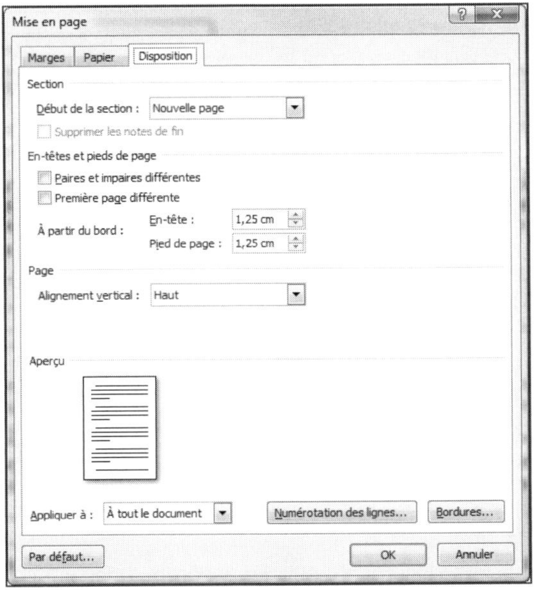

6- Dans la boîte de dialogue **Numérotation des lignes** qui s'affiche, cochez l'option *Ajouter la numérotation* pour numéroter automatiquement les lignes de votre document. Vous pouvez spécifier, avec les options disponibles, l'espacement entre le texte et le numéro, la valeur de l'incrémentation, la ligne de départ, etc.

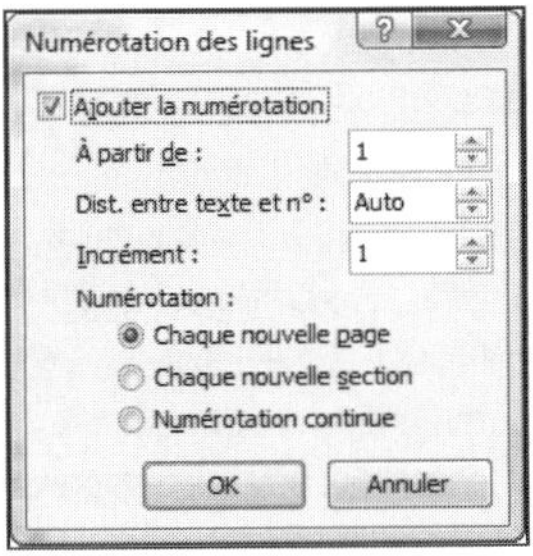

ASTUCE : MODIFICATION RAPIDE DES MARGES
Vous pouvez modifier plus rapidement les dimensions des marges de votre document, sans passer par la boîte de dialogue **Mise en page**. Déplacez-les directement, avec votre souris, sur la règle de votre document. Toutefois, l'opération est moins précise.

7- Activez l'onglet **Papier** pour spécifier les paramètres de la feuille à imprimer. Vous pouvez indiquer le format des feuilles par défaut et, si nécessaire, inscrire les dimensions exactes du papier que vous utilisez pour l'impression.

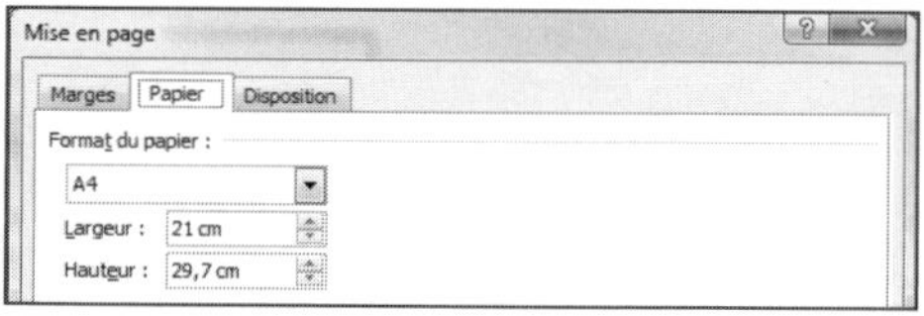

IMPRIMER UN DOCUMENT

Pour imprimer des documents, plusieurs commandes sont à votre disposition.

Vous pouvez utiliser le bouton **Imprimer** disponible dans la barre d'outils de n'importe quelle application. Mais vous disposez également d'un menu spécifique pour accéder à toutes les options d'impression.

1- Pour imprimer votre document, cliquez sur le bouton **Office**, ou sur le menu **Fichier** selon l'application utilisée, et sélectionnez la commande intitulée **Imprimer**. Comme vous pouvez le constater, vous disposez de trois commandes supplémentaires. Cliquez sur la commande **Imprimer** pour accéder aux options d'impression.

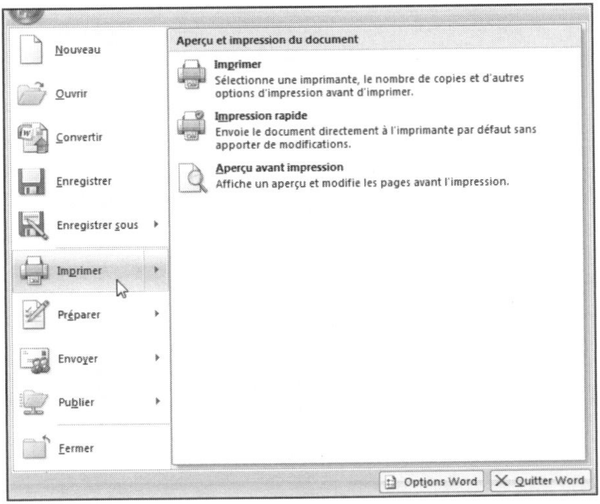

ASTUCE : TROUVER UNE IMPRIMANTE

Si vous travaillez dans un environnement réseau et si votre imprimante n'est pas disponible, vous pouvez alors cliquer sur le bouton **Rechercher une imprimante** pour trouver une imprimante partagée.

2- Une nouvelle boîte de dialogue s'affiche immédiatement. Vous pouvez sélectionner l'imprimante sur laquelle imprimer le document et spécifier l'impression d'une sélection de pages. Il est également possible d'imprimer uniquement la sélection en cours. Cliquez sur le bouton **Propriétés** pour accéder aux paramètres avancés.

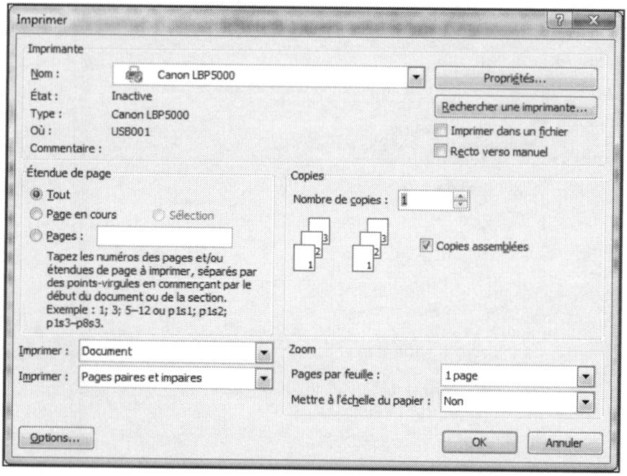

INFORMATION : ASSEMBLAGE PAR DÉFAUT

Par défaut, les copies sont assemblées. Cela signifie que chaque exemplaire du document est imprimé intégralement avant que ne débute l'impression du suivant. Cela évite d'avoir à trier les copies de chaque page.

3- La boîte de dialogue qui s'affiche dépend du modèle de votre imprimante. Les options proposées sont propres à votre matériel. Dans notre exemple, on peut définir, entre autres, la qualité d'impression graphique ou le type de police à utiliser.

4- Selon le matériel utilisé, vous pourrez également indiquer le type d'alimentation papier à employer pour l'impression courante : une cassette supplémentaire, la fente d'alimentation manuelle, etc.

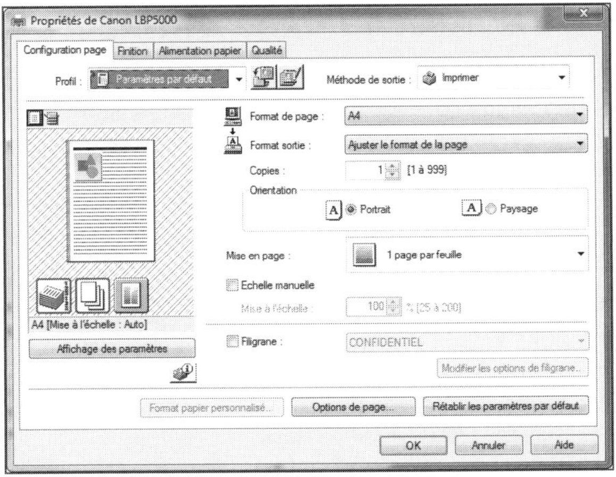
Propriétés de Canon LBP5000
Configuration page
Finition
Alimentation papier
Qualité
Profil :
Paramètres par défaut
Méthode de sortie :
Imprimer
Format de page :
A4
Format sortie :
Ajuster le format de la page
Copies :
1
[1 à 999]
Orientation
Portrait
Paysage
Mise en page :
1 page par feuille
Echelle manuelle
Mise à l'échelle :
100
% [25 à 200]
A4 [Mise à l'échelle : Auto]
Affichage des paramètres
Filigrane :
CONFIDENTIEL
Modifier les options de filigrane...
Format papier personnalisé...
Options de page...
Rétablir les paramètres par défaut
OK
Annuler
Aide

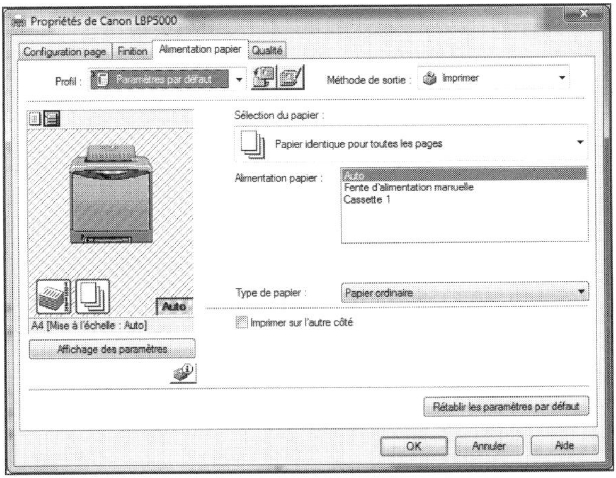
Propriétés de Canon LBP5000
Configuration page
Finition
Alimentation papier
Qualité
Profil :
Paramètres par défaut
Méthode de sortie :
Imprimer
Sélection du papier :
Papier identique pour toutes les pages
Alimentation papier :
Auto
Fente d'alimentation manuelle
Cassette 1
Type de papier :
Papier ordinaire
Auto
A4 [Mise à l'échelle : Auto]
Imprimer sur l'autre côté
Affichage des paramètres
Rétablir les paramètres par défaut
OK
Annuler
Aide

CRÉER UN TABLEAU DANS UN TABLEUR

Pour présenter des données de façon professionnelle, il est souvent nécessaire de créer un tableau. Si vous disposez d'un tableur, Excel ou Calc par exemple, vous pouvez obtenir un tel résultat en toute simplicité.

1- Démarrez votre tableur en sélectionnant son icône à partir du bouton **démarrer**. Pour illustrer notre procédure, qui peut s'appliquer à n'importe quel tableur du marché, nous avons opté pour Microsoft Excel.

2- Dans la feuille de calcul qui s'affiche, sélectionnez la plage de cellules qui correspond au tableau que vous souhaitez créer. Cliquez du bouton droit sur une des cellules sélectionnées. Choisissez, dans le menu contextuel qui s'affiche, la commande **Format de cellule**.

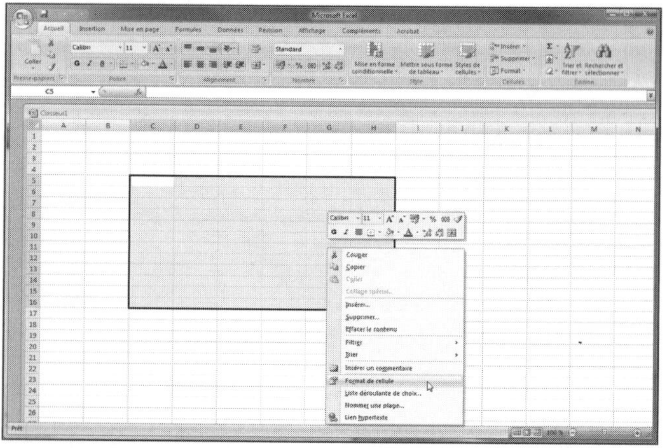

ASTUCE : MISE EN VALEUR

Pour mettre en valeur les titres des colonnes d'un tableau, les utilisateurs choisissent souvent, dans la liste *Style*, un trait plus épais pour les bordures des cellules correspondantes.

3- La boîte de dialogue **Format de cellule** s'affiche immédiatement. Cliquez sur l'onglet **Bordure** pour accéder aux options de création des tableaux.

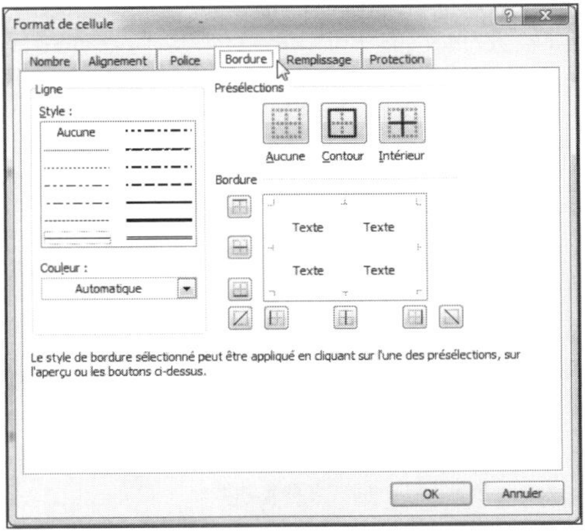

ASTUCE : EXPLOITER DES TABLEAUX DANS D'AUTRES DOCUMENTS

Au besoin, copiez un tableau dans votre tableur pour le coller dans un autre document, de type traitement de texte par exemple.

4- Vous pouvez choisir, dans un premier temps, le style de votre bordure en le sélectionnant dans la liste intitulée *Style* : trait en pointillé, trait fin, trait épais, double trait, etc.

5- Attribuez ensuite une couleur à votre bordure en la sélectionnant à partir de la liste déroulante *Couleur*. Si aucune couleur ne vous convient, cliquez sur la commande **Autres couleurs**.

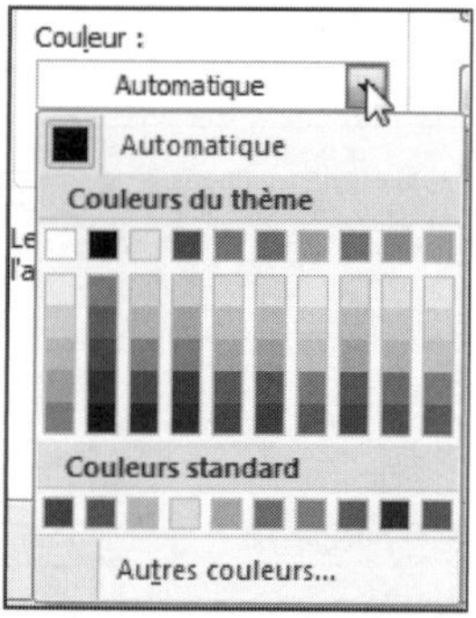

6- Une nouvelle boîte de dialogue s'ouvre, avec plusieurs nuances de couleur supplémentaires. Cliquez sur la teinte de votre choix. Vous pouvez aussi mélanger les nuances de couleur en cliquant sur l'onglet **Personnalisées**. Sélectionnez ici la teinte de votre choix.

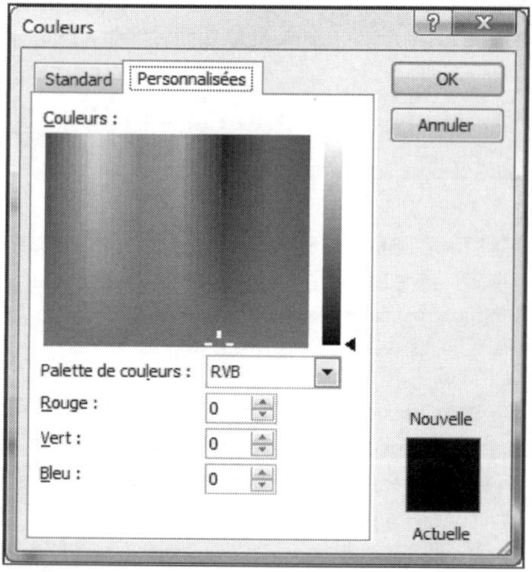

ASTUCE : SUPPRESSION DES BORDURES

Pour supprimer d'un seul clic toutes les bordures de votre tableau, cliquez sur le bouton **Aucune** dans la boîte de dialogue **Format de cellule**, sous l'onglet **Bordure**.

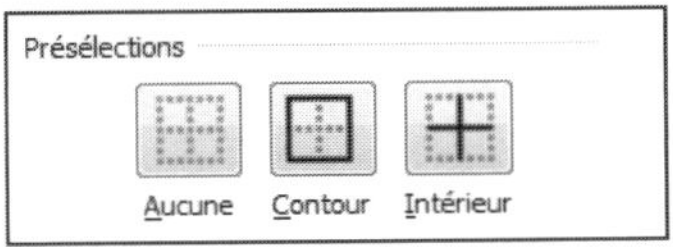

7- Pour appliquer rapidement des bordures personnalisées à votre sélection de cellules, cliquez sur le bouton **Contour** ou le bouton **Intérieur**. Le premier bouton ajoute des bordures uniquement au contour extérieur de la sélection tandis que le second applique des bordures à l'ensemble des cellules comprises dans la sélection.

INFORMATION : EFFACER UNE BORDURE

La section *Bordure* offre des outils pour mettre en place des bordures et elle permet également d'obtenir un aperçu immédiat de toutes les bordures d'un tableau. Pour en supprimer une, cliquez dessus.

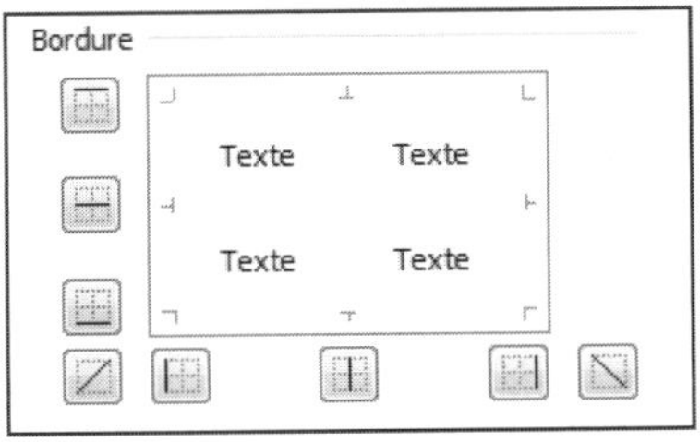

8- Pour définir plus précisément l'application des bordures, utilisez les boutons correspondant aux bordures intérieures et aux contours disponibles sous la section *Bordure*. Ces commandes permettent d'accéder à tous les côtés des cellules, ce qui comprend également toutes les diagonales.

9- Validez par OK la boîte de dialogue pour la refermer et enregistrer les nouveaux paramètres de votre tableau. Comme vous pouvez le constater sur votre feuille de calcul de départ, vous disposez maintenant d'un tableau avec des bordures visibles. Il ne vous reste plus qu'à remplir les cellules avec vos données.

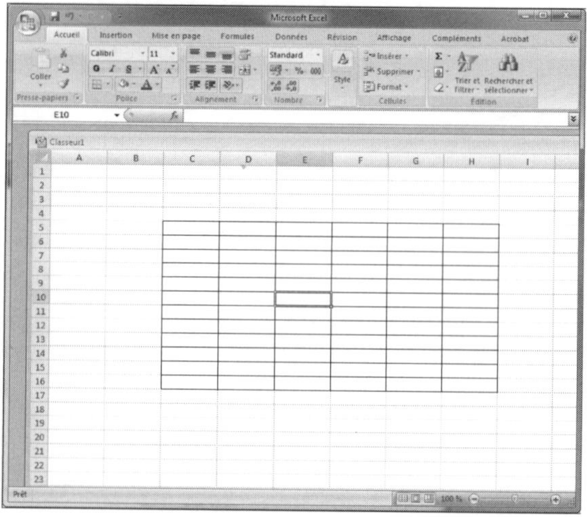

AJOUTER DES INFORMATIONS AUX FICHIERS

Pour faciliter la recherche de vos documents sur votre ordinateur, il est possible d'indiquer des informations complémentaires, appelées également «propriétés».

Par leur biais, vous qualifierez au mieux vos fichiers de travail.

1- Démarrez votre programme (traitement de texte, tableur, éditeur graphique...) et ouvrez un document existant.

2- Sélectionnez la commande **Propriétés** du menu **Fichier**. Notez que pour certaines applications, l'emplacement de cette commande peut être différent. Par exemple, pour les applications de la suite Microsoft Office, il faut cliquer sur le bouton **Office** pour sélectionner, dans un menu déroulant, la commande **Préparer** puis, dans la colonne de droite, la commande **Propriétés**.

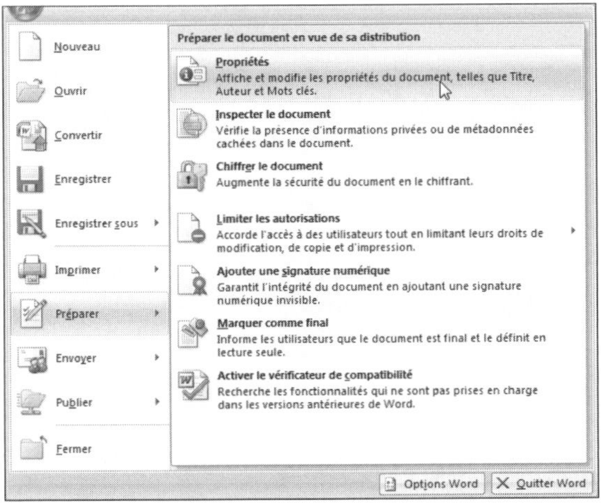

ASTUCE : SAISIE AUTOMATIQUE

En général, les informations Auteur et Société sont indiquées par défaut. Elles correspondent aux renseignements que vous avez saisis pendant la procédure d'installation de votre programme.

3- Un nouveau volet s'affiche juste au-dessus de votre document. Vous pouvez remplir les différents champs proposés en indiquant, par exemple, votre nom, un titre pour le document, son objet, des mots-clés pour la recherche, une description, etc. Toutes ces informations figureront dans les propriétés du document.

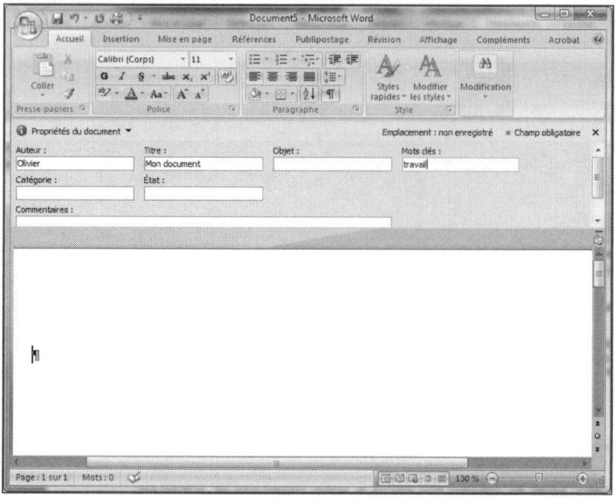

INFORMATION : AFFICHER LES INFORMATIONS

Les informations que vous associez à votre fichier sont disponibles directement à partir du volet *Détails* de l'Explorateur Windows une fois le document sélectionné. Vous pouvez également sélectionner la commande **Propriétés** dans le menu contextuel qui s'affiche suite à un clic du bouton droit sur l'intitulé du fichier.

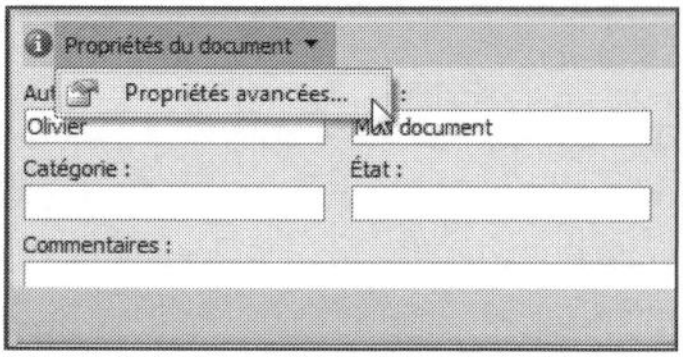

4- Pour accéder à toutes les propriétés de votre classeur et pour consulter différentes informations générées automatiquement par le programme, vous devez afficher une boîte de dialogue spécifique. Cliquez sur le bouton **Propriétés du document** et sélectionnez la commande **Propriétés avancées** dans le menu déroulant.

5- Dans la boîte de dialogue qui s'affiche, sous l'onglet **Général**, vous disposez de plusieurs informations de base, par exemple l'emplacement du fichier sur votre disque dur ou sa taille, la date de création et de dernière modification du document.

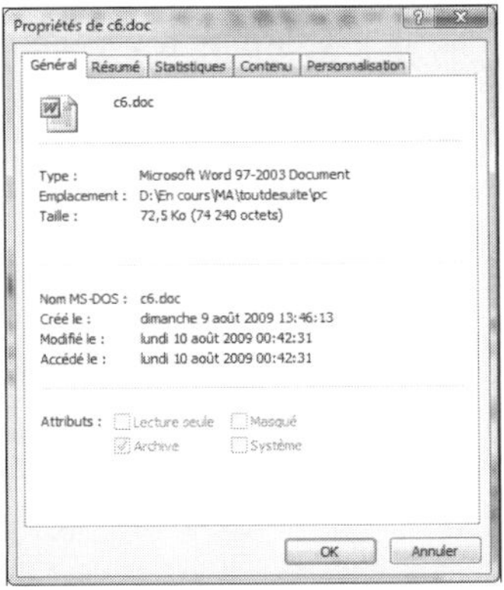

INFORMATION : DES INFORMATIONS INDISPENSABLES

Vous pouvez vous passer d'enregistrer des propriétés de fichier si vous utilisez vos documents hors de votre environnement professionnel. Sinon, il est toujours utile de connaître la date de mise à jour d'un fichier ou le nom de son auteur.

6- Toujours à partir de la boîte de dialogue des propriétés de votre document, cliquez sur l'onglet **Résumé**. Vous retrouvez ici tous les champs proposés précédemment dans le volet *Propriétés* qui s'affichait au-dessus de votre document.

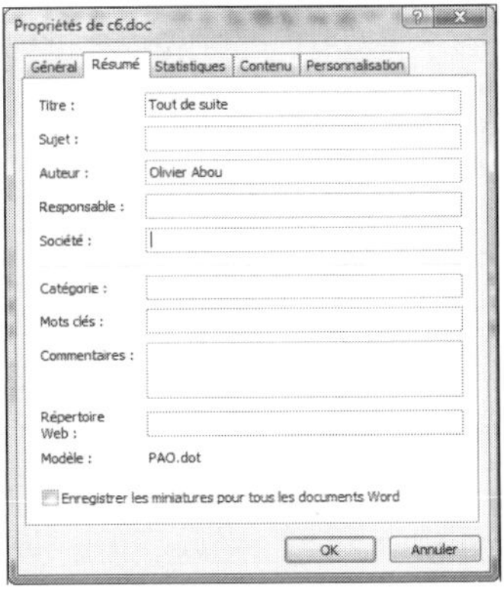

ATTENTION : SÉCURITÉ DES DOCUMENTS
Si vous protégez vos documents pour éviter que d'autres utilisateurs n'y accèdent, sachez qu'ils pourront tout de même consulter toutes leurs propriétés.

7- Sélectionnez maintenant l'onglet **Statistiques**. Plusieurs statistiques sont disponibles. Vous pouvez, par exemple, connaître le nom du dernier utilisateur à avoir enregistré le document.

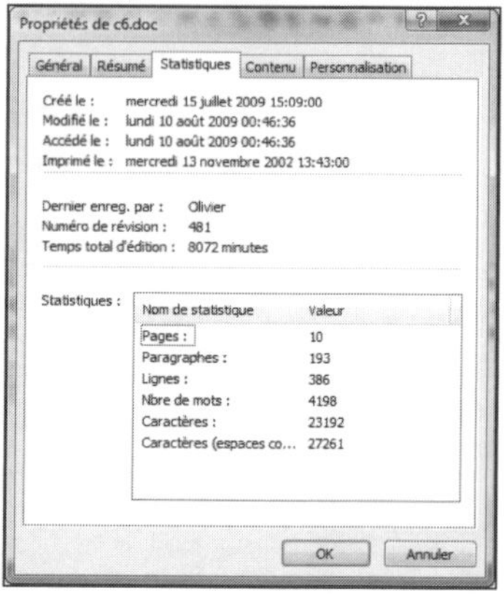

8- Cliquez sur l'onglet **Contenu** pour afficher une liste de toutes les sections contenues dans votre document. Notez que vous pouvez obtenir ici, si le document est un classeur, la liste de toutes les feuilles de calcul disponibles.

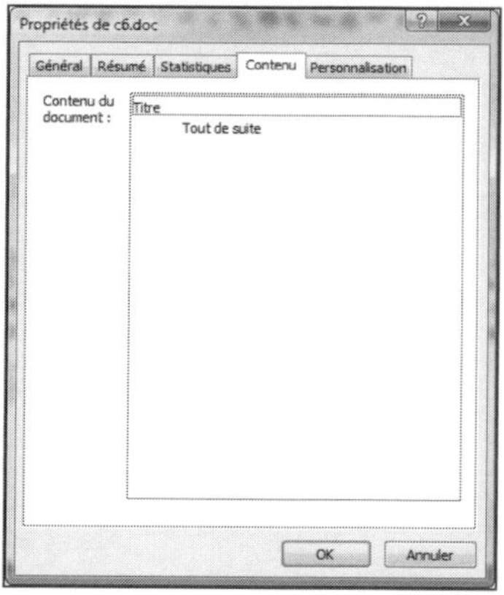

9- Cliquez sur l'onglet **Personnalisation** pour créer vos propres propriétés. Vous pouvez les sélectionner dans la liste prévue à cet effet ou inscrire leur nom dans la zone de texte *Nom*.

10- Indiquez ensuite leur type à partir des options de la liste *Type*. Inscrivez la valeur correspondante dans la zone de texte *Valeur* et cliquez sur le bouton **Ajouter**.

Achevé d'imprimer par Corlet, Imprimeur, S.A. - 14110 Condé-sur-Noireau
N° d'Imprimeur : 126072 - Dépôt légal : février 2010 - *Imprimé en France*